创业初期的李儒昌

海纳百川，利及千秋。

海利集团全貌

李儒昌高举火炬弘扬奥运精神，海利人奋发图强勇创一流业绩。

海利是我家，发展靠大家。

2013 年，海利集团董事长李儒昌荣获“广东省五一劳动奖章”。

2012 年 5 月 18 日，集团隆重举行了新总部开业暨海利不锈钢制管厂正式投产庆典。

2012年5月22日，中共中央政治局委员、广东省省委书记汪洋（前排左三）到海利集团调研，李儒昌董事长（前排左二）在海利文化中心向汪洋书记介绍海利企业文化建设情况。

2013年8月9日，中共中央政治局委员、广东省省委书记胡春华（左二）到海利集团调研，李儒昌董事长（左一）在车间向胡春华书记汇报生产情况。

2007 年 5 月，广西自治区党委书记刘奇葆（左二）到海利广西梧州厂调研，李儒昌董事长（左三）向刘奇葆书记介绍海利产品情况。

2012 年，李儒昌董事长在“广东扶贫济困日”捐款 100 万元。

HAILI
ZHIHUN

海利之魂

广东省化州市海利集团成长记

李儒昌◎著

中国商业出版社

图书在版编目（CIP）数据

海利之魂 / 李儒昌著．-- 北京 ：中国商业出版社，2014.5

ISBN 978-7-5044-8452-9

Ⅰ．①海… Ⅱ．①李… Ⅲ．①制造工业－工业企业－概况－中国 Ⅳ．①F426.4

中国版本图书馆 CIP 数据核字 (2014) 第 076785 号

责任编辑：武文胜

中国商业出版社出版发行

010-63180647　www.c-cbook.com

（100053　北京广安门内报国寺 1 号）

新华书店总店北京发行所经销

北京合众协力印刷有限公司

★　★　★　★　★

710×1000 毫米　1/16 开　10 印张　135 千字

2014 年 5 月第 1 版　2014 年 5 月第 1 次印刷

定价：32.00 元

★　★　★　★

（如有印刷质量问题可更换）

人生感悟

创业是一个锻炼、磨炼、修炼的人生过程。

经历是一种资本。

如果人生有机会重来，我还会选择创业。

从开始创业到今天，虽然经历了种种磨炼和艰辛，但我成就了一个品牌，改变了一个家族的命运，为海利人创造了一个奔向美好生活的环境，带动了社会经济的发展，我很有成就感，能体现自己的人生价值。所以，人生如果有机会重来，我依然会继续！

推荐序一

海利，为价值而生

在阅读书稿前，地处粤西化州的海利集团对我来说还是一个很陌生的企业。通过李儒昌先生书稿，在商业世界人情冷暖中，从过去的年代以及不同层面中，我看到了海利集团被复原的往事。这也让我对中国企业的成长有了更多的了解。每一个故事似乎都是一个传奇，每一个传奇都有光荣与梦想。结果奇迹就这样由看似非凡的人物一手缔造出来了。

粤商，历来有艰苦创业、精于经商的传统。他们的特质历史悠久，不会因岁月而消损。明清时，潮州商人就驾船出海开始了商途。几百年里，粤商不仅在本土茁壮成长，而且扎根于海内外。粤商，奉行“商者无域”的生意经，在他们眼里，每个行业都有赚钱的机会，任何时候都有发财的契机。最令人敬畏的是，粤商，总能先人一步把握市场脉搏，似乎有一种本能的商业天分。发达的商业基因，过人的经营才智，也成就了以李嘉诚为代表的一批批华人巨贾富豪。当我们被各种各样的经济危机袭击时，我们想没想过先人、巨富是靠何种商略渡过危难的？

是天意？是机缘巧合？在热潮与寒冬循环往复中，只有少数

幸运者能踩准每一个节点并走到今天。500年前和500年后，不同的蓝海造就了不同粤商。这在本质上都是一种从无到有的再造。

做市场如同带兵打仗，必须在实践中根据实际的作战形势灵活变通。在商界，审时度势、以变制胜则是经营管理的一条普遍原则。无论是企业内部环境，还是外部市场，每时每刻都在发生变化，经营者要想在多变的市场中立于不败之地，就必须审时度势，不断变换招数。

在这本书里，作为粤商的李儒昌也把“商者无域”的精髓化成从商经营的技巧，表现出了在“变”上的果断和到位。“市场”千变万化，“市场”充满生机，“市场”是经济发展的“舞台”，有志之士通过这个“舞台”演出了一集集有声有色的连续剧。正如米勒说：“卓越并非指成就，而是一种精神，一种动力，一种工作伦理。它掌握着一个人或一家企业的生命和灵魂，使之走向成功。”因此，不要怕将目标定高了，因为平庸的目标不会产生卓越的成就。

一个企业的长久生存，最重要的条件不是企业的资本、产品或管理技能，而是正确的企业价值观和营销战略。企业的命运如何，最终由价值观决定，核心价值观决定企业发展方向，决定企业对社会的贡献大小。按照今天企业家标准，李儒昌似乎具备了企业家全部的素养，他在人生不同的阶段都绽放出耀眼光芒。李儒昌提倡的核心价值观中的8个字：品质、责任、专注、创新，是他做企业、做人的标准；也是海利集团事业不败的秘诀。书中鲜活的事例，让我对海利集团有了一番清晰的认识。

做企业，难免会遇到经济危机、市场疲软的状况。无论是企业内部环境，还是外部市场，每时每刻都在发生变化。做企业，要有战略构想，不可以盲目行动。许多时候，思路清楚了，再行动就会有方向感，就能把握好关键点，拿捏起来也能到位。

从小轧钢夕阳产业中脱身，先人一步把握不锈钢市场脉搏。海利集团从当初20多人的小企业起步，年产值1000万元，一跃成为今天年产值近20亿元的行业“标杆”。可以说，这是一种市场对企业生存能力的肯定。但创业的勇气与魄力并不是鲁莽与冲动，它是冷静思考之后的一种决断，是一种智慧和由衷的自信，是一种万事俱备之后的东风。由于人所处的环境、个人具备的条件不同，创业机会也就不同。海利集团一路历经坎坷地走过来，回顾它的足迹，点点闪光，足以引起我们良久的深思。

今天，对于刚刚创业的生意人来说，再好的赚钱理论、再好的致富方法与营销方法也不可能适合所有的人。但是，海利有一点可以借鉴，那就是，他们以大爱之心投身于企业发展，支持公益事业，并在贡献社会、服务别人的过程中成就了自己。其实，这就是一笔划算的投资，就是生意场上最宝贵的资产。在李儒昌那本充满创业智慧的“心经”里，我最喜欢的是他的那句话：“成功的人会感恩，感恩的人会成功。”

在李儒昌先生这本书里，我比较喜欢海利集团特有的海利文化。它也是一种价值先行的文化，在海利文化中，又涵盖了使命精神、竞争精神、创业精神、进取精神。通过实施海利文化，海利从成功走向了卓越。

从某种意义上来说，海利集团二十几年的质变，也彰显了中国民营企业的一次自我更新。中国改革开放所取得的巨大成就和民营企业的成长分不开的，这里面包含了众多民营企业家的辛苦和心血。在经济历史变迁中，民营企业家也在经历筛选和分野。我相信在未来，一些负责任、敢担当的中国民营企业家必将会成为时代的强者。

李阳春

广东省政协委员、广东省工商联副主席

推荐序二

粤商精神的传承者

每一个生命都是奇迹。每一个奇迹都有不同的精彩。改革开放30年来，一批批民营企业如雨后春笋般成长起来，经历过一番市场考验，很快倒下去一批，又一批新的企业开始崭露头角……如此新陈代谢，构成了中国民营企业一道独特的景观。其中，能20年屹立潮头不倒的企业，实属凤毛麟角，海利便是这为数不多的一家民营不锈钢生产企业。

从当初20多人的小企业起步，经过25年的艰苦历练，成为年产值近20亿元的行业标杆企业，海利的成功无疑经过了时间的考验。对于今天还在路上的企业经营者来说，海利为什么会成功？海利的成功究竟给我们带来了什么？海利有哪些值得我们借鉴和吸取的“真经”？透过对《海利之魂》一书的阅读，这一连串的问题便得到了破解。

从“做人”的角度来说，一方面，从海利掌舵人李儒昌身上，我们找到了一个成功企业家所必备的成功特质和独特的人格魅力。这种特质包括面对逆境时的坚忍，顺境时的超脱，对梦想的执着追求，对能力的不断培养，对机会的敏锐把握，以及对未来的前瞻驾驭，这种特质对于成功者来说也许都是相通的。如果更

进一步讲，我们还可以用海利堪称里程碑式的核心价值观来概括：品质、责任、专注、创新。这8字背后的含义，充分体现了一个企业家的创业价值及企业责任。这其实是李儒昌向自己提出的更高的挑战，要让员工每天上下班时都充满自豪和激情的愿景，要让“8个字”成为一个有吸引力的法则。

另一方面，海利人对海利企业使命与价值观的认同和追求让我们找到了企业发展的最好“引擎”。优秀的事业机会，应该是可持续发展的，而只有员工具备了可持续发展的能力，这个目标才能实现。每位员工从加入海利集团开始，就会感受到企业价值观的存在。在他们成长的道路上，这些价值观会为员工每一步成长提供充足的养分，真正做到全程相伴、全面规范、全员覆盖。

1999年，海利集团转产生产不锈钢管时，一批技术骨干、农民工先后加盟进来。10多年间，他们与企业结成了命运共同体。为此，海利在制订企业发展目标的同时，也对员工推出了与企业共同成长的计划。凡是一切有利于员工成长的方式，海利都愿意尝试，并为每位员工提供创造实现自身价值的最佳事业平台。李儒昌把对员工的关爱带入到切实的行动中，让大家感受到了浓浓的暖意。这种情感激励之道，收到了天下归心的效果。

孙子兵法云：“夫战者，上下同欲者胜。”在商场如战场的现代企业界，如何令企业上下志同道合、令行禁止，的确是一个核心而持久的命题，每个人都会给出不同的答案，而海利的答案无疑给我们带来了非同凡响的感觉。

从“做事”的角度来说，有许多值得借鉴的地方。一是海利在战略上高瞻远瞩，选准目标，从竞争激烈的普通钢材市场转身到不锈钢市场这片蓝海。二是在拓展不锈钢管之初，海利就把自己的专注点放在“304”身上，并且10多年来基本没有动摇过。专注赢得了市场，也赢得了消费者的信赖。在这一点上，海利所表现出来的坚定和清醒是难能可贵的。专注是海利集团最突出的经营特色，也是其产品实现技术创新、抢占市场制高点的法宝。海利的“专”是为了“精”，只有“专”才能保证“精”和“高”。三是海利习惯用“战略”和“战术”夺取市场，大战略是思想，小战术是方法。如果说品牌建设只是海利夺取市场运用的一种利器，那么基于技术和管理的创新机制，就是支撑海利品牌做大做强的根本。四是建立以海利精神为核心的海利文化，完善企业文化管理机制，打造一支以文化型、专业型的企业文化建设班底，让企业沿着文化的轨迹从最佳路线上山。

当然，无论从“做人”还是“做事”的角度来看，海利集团值得我们学习与借鉴的东西远远不止上述这些。那么，就让我们翻开本书，细细品味书中那闪耀着智慧光芒的一缕缕甘醇吧……

梁庆德

广东格兰仕企业（集团）有限公司

前 言

有潮水的地方就有潮汕人；有钱赚的地方就有粤商；有粤商的地方就有智慧。无论在近代还是在当代，发迹的粤商不计其数，粤商成为华人商人中富翁最多的一个群体。

20多年来，我一直专注于研究民营企业的创建、发展、成长，其中各商帮的起源及变化规律一直被我重点关注。一次偶然的机会，我有幸走进了海利——这家在国内不锈钢行业已经稳居榜首地位的民营企业。我惊讶地发现：在广东这个古称"石龙"的化州，以专业生产和销售不锈钢管材为主业的股份合作制大型企业海利集团——正如一条腾飞着的行业巨龙，令整个行业都引以为豪！

迄今为止，海利集团已经有了25年的发展历程，这家企业几乎同所有成功的企业一样，都经历了创业、打拼、转型、扩张等不同的阶段。在每一个阶段中，都承受住了市场考验，从而，历尽沧桑，佳绩不断。但是，海利又有着它最区别于其他企业的一面，那就是：海利从创立到成长、从成长到壮大、从壮大到成功，始终有一种无形的"精神"在贯穿、牵引。里面包含了拼搏，包含了智慧，更包含了做事的专注。这种精神犹如一个"魂"在引领企业发展，推动企业快步向前。而董事长李儒昌的做事、做人风格早已浸入到海利的每一个角落，并

且感染着海利的每一个人，以及同海利合作的每一个伙伴。

阅读完李儒昌董事长这本书后，给我留下了三点深刻的体会：

第一是震撼：25 年所制造的辉煌，是基于一种“精神”的贯穿，这种精神会是什么？按照这种精神的引领，海利已经形成了自己的“企业魂”，定会做到“百年基业”。这“企业魂”形成的过程中李儒昌确实有很多秘诀。

第二是惊叹：在竞争激烈的土壤上，众多的民营企业生生死死，能坚持过 25 年的本来就是奇迹！海利的发展历程中又赶上了全球性的经济灾难，居然被李儒昌神奇化解！并在 25 年之际愈加前景辉煌！着实精彩！

第三是思考：很多企业都在大谈企业文化，也在大谈人本管理，其实很多企业中的企业文化都是“空中楼阁”，而海利的企业文化之深厚确实让我感动。海利的人才梯队建设更是多数民营企业难以做到的。书中凝聚了李儒昌的管理智慧，非常值得广大民营企业借鉴。

海利集团，正像一面镜子，折射出了我国民营企业群体的坚韧成长。董事长李儒昌本人的责任、睿智、大爱、担当，更是形成了他成就海利今天的个体基因。用他自己的话说：“创业就是一个锻炼、磨炼、修炼的人生过程。这是所有创业成功的企业家都必须经历的一个蜕变的过程。”

一段历程，一个台阶；一次创举，一个征程。一块块荣誉奖牌，一个个金光闪闪的奖杯。详细阅读此书后，读者们定能从海利的发展历程中得到很大的收获和启迪！李儒昌董事长的深厚累积也会为有梦想的创业者和正在创业路上的经营者们所借鉴。亲爱的读者们，让我们跟随李儒昌董事长的回忆，一起开启“海利之旅”。

师至洁

管理心理学博士
中国人民大学领导力研究中心特约研究员
国家中小企业服务平台培训中心副主任

目 录

第五章 打造百年海利

第一章

懵懂年代 在打拼中成长

25 年前，具有传奇色彩的化州，除了它经久不衰流传在民间的很多美丽传说之外，在广东方圆 17.79 万平方公里的土地上，小小的化州在地图上毫不起眼，总面积只有 2354 平方公里。

广东这片土地上，曾孕育出了孙中山、叶剑英、叶挺等已经载入中国史册的名人；25 年前，更是作为广东改革开放的践行者和推动者，很多人也亲历了改革开放总设计师邓小平的南方之行。但经历过县、郡、州、府的化州及其周边，依旧是同中国大多数县级城市和农村一样，在贫瘠中蹒跚迈步。所不同

的，是这片土地上，人们深刻在脑子里的发展意识。作为海利集团的领军者，李儒昌就是出生于这样一个环境。

童年：父母是个好榜样

上世纪60年代中期，我出生的博龙车头村里，一到晚上就是漆黑一片，村民互相之间也不走动，完全是一个落后的穷乡僻壤。当时，父亲在砖厂工作，母亲在乡村务农，当时的家境，在村里根本算不上富裕户。家里有四个姐姐，三个哥哥。那个年代，全家人一天到晚吃的都是当地出产的番薯、芋头，只有逢年过节才能吃上白米饭。

在割“资本主义尾巴”的年代里，村民们除了守着薄田务农，是不敢搞什么其他副业的。我们家里养的鸡下了几个蛋，母亲就拿出去和人家换些生活日用品。家里微薄的收入，让我的童年过得很是艰苦。

岁月平淡，生活无奇。每年春节，我和哥哥姐姐都只有一个很小的奢望：能像城里孩子一样，穿上新衣裳，放几挂鞭炮，吃几块糖。可父亲像是知道我们的想法，每次，总是“动之以情，晓之以理”地把话题转移到别处，而母亲更是难过地背过身去掉泪。

父亲是拉人力三轮车运输的，为了拉扯8个要吃饭要上学

的孩子，每天很早出去，拉着砖车，一趟一趟给人送货。傍晚，才拖着满身疲惫回家。

穷人的孩子早当家，贫穷确实让我更早地理解了父母的辛苦。1969 年，7 岁的我就知道自己长大了，该为父亲分担了。那时，我每天 5 点钟起来帮父亲推车，7 点钟到学校去上学。我的行动准则，已经从“不让父亲担心”彻底变成“多为父亲担心”了。

有这样一句俗语：“一个好父亲胜过 100 个好老师。”在孩子成长的过程中，父亲会对孩子产生不同于母亲的影响。母亲可能会在孩子的生活和感情方面具有一定的影响，而父亲则教会孩子如何应付和解决他们遇到的各种人生问题，父亲代表着事业、思想、秩序、冒险和奋斗等理性方面，他有助于培养孩子们的成就感。这让我深有感触。

童年时，我是个很听话的孩子。10 岁时，在放学的路上，我头顶右侧被邻居家一个调皮的小孩子用锄头猛敲了一下，流血不止，疼痛难忍，我三个哥哥听说后，就要去找那个小孩子为弟弟讨个公道。

而这时，那个小孩子的母亲却是蛮不讲理，她找到我家开始大吵大闹。目的是为了推卸她孩子应该承担的过失。

面对邻里间的矛盾冲突，我文化不高但深明事理的母亲，也在此时体现出善良、宽容的一面。我记得母亲当时是这样说的："大嫂，对不起呀！是我家孩子不对，我给您赔不是了！"说完，母亲还给邻居深深鞠了一躬。

在看到母亲那无限豁达的一躬时，我突然觉得，母亲是用宽容待人的一面教育着邻居和自己的孩子。

当父亲的收入只够维持日常开销的时候，母亲勤俭持家的品质得到了极大的发挥。她从父亲那微薄的收入里抠出了八个孩子的学费。读书的时候，母亲把番薯、芋头、大米拿到街上卖，换钱给我们读书，她自己则吃最不值钱的木薯充饥。有两次，母亲在吃了木薯后中毒昏迷。当时，我暗暗发誓：一定要出人头地！一定要创出事业，让家里富裕起来！

打工：要肩扛重任才有出路

同所有有梦想的人一样，从打工到创业，都要经历一个转折的过程，但在这个过程中，心态的调整会是一种考验。

我的职业生涯是从 1983 开始的。高中毕业后，我在离老家 10 公里的同庆镇的一家工厂做学徒。我入厂时，改革开放政策已经实行了分田到户。我工作的同庆乡农具厂主要是针对农村市场生产铁犁、铁耙。那时，没有什么机器，所有的农具基本都是靠人用手工锻打、制作。

在当时，农具锻打基本都是交给有经验的师傅来做，这也算是工厂里一个重要的技术活，学徒工根本轮不上做。而我当时的想法是，要一心一意学门真正的手艺。对我而言，怎么让这个梦想尽早成真是重要的。

中国历来就有“教会徒弟饿死师傅”的说法，一般师傅都不会将看家本领教给外人。我天天给师傅端水倒茶，求师傅教我学习锻打。见我真心好学，师傅满口答应教我锻打农具的技巧。

刚开始学习锻打时，我希望能早日成为一个有技术的工人并能被委以重任，那样就能多赚点钱。但是，作为一个新手，我对技术掌握得并不好，比如什么温度下能打，什么温度下不能打，都不是很清楚。因为火候控制不好，有几次就把农具打烂了。

一天夜里，我在车间学习锻打时，恰巧被出差回来的厂长遇见，他一见我就劈头盖脸地训讽："小弟，你等我赚一点本钱回来，你再学打好不好？"话外的意思，无非有些心疼钱，无非见我浪费了几根铁棒。末了，他不让我再学习农具锻打。

厂长责备我时，我心里也很委屈："虽然给你打烂一两块铁，但是我手艺学到手，绝对能帮你赚回这个钱的。"无论我怎么说，厂长还是决定不再给我这个机会了。

那一阵子，我的心情很不好，我觉得，不想培养员工成长的老板不是好老板。如果老板太注重自己的利益，这样的企业很难发展起来。

赶巧，我的亲戚梁海也准备开家类似的农具厂。他找到我问："儒昌，我准备办个新厂，你愿不愿意出来我们一起做。"想了几天后，我决定辞工。

到了新工厂后，我的人生之路仍在继续：每天，我6点起床洗漱，8点开始上班，一直不停地工作到12点。吃饭后，又开始忙碌到晚上7点才能吃上饭。有时，工厂有订单时，晚7点就要加班，一直到夜里12点结束。工作时间相当的长，一个月也就休息两天。但是我从不觉得这是种艰苦。

和许多行业一样，有市场就会有竞争，而我在的工厂不缺技术，只缺好的供销员能给厂里带来订单。如果不能尽快拿到订单，就可能停产。当时正好是5月份，适逢农具需求淡季，这个时候，一般很少人要货，想要拿到订单比较困难。一天，在开全体大会时，梁海厂长把全厂20多个员工逐个排队，仔细分析每个人，看谁可以做一个供销员。最后，他发现我这个年轻人学技术既认真，人又勤快，如果当销售员可能是一块可造之材。唯一不足的是，我没跑过销售。

我看出了厂长的心思，就自动请缨："我跑到订单，你给我发工资，跑不到订单，路费算我的。"一听这话，厂长当即就同意我做供销。第二天，从未出过远门的我跟随梁忠副厂长坐着厂里送最后一车订货的货车，前往惠州淡水镇，即现在的惠阳县，交完货后，梁忠副厂长随车回厂，我首次独自一人满怀信心，踏上了推销业务之路，拿着一张广东省地图就出发了。

1984 年，那时所谓的跑供销，说白了就是背着铁犁，一家一家地到供销社去推销，拿订单。到供销社后，先给人家一个出厂价，人家如果同意，就按订单安排生产。不同意，继续找下家洽谈。

当时，一把铁锹 12 元钱的成本，卖到供销社是 18 元钱一把，卖出一把铁锹就赚 6 元钱，如果能拿到订单，厂里就能挣钱。按每车 500 把算，每车能挣 3000 元。当时，3000 元是一笔不小的数目了。我背着 10 多斤重的铁犁样品，路上，有时要走两个多小时。但那时，我想的是，只要有了订单，工厂就不会停产。于是，跑乡下，转山沟，吃不上饭是常事。很多乡镇当时一天只有一趟班车，为了能够抓紧时间，我就从县城坐车到下一个地方，如果没有车去的地方，我就走路去，有一次，走了 20 多公里。

当时，我穿的鞋质量很差，名为“星期鞋”。意思是一个星期就会报废。走着走着，我脚上的鞋底就断了，接下来的一周，我都是一只脚有鞋，一只脚没有鞋。为了避免另一只鞋也坏掉，我走得十分小心，只能一颠一瘸地走着。

有时实在走不动了，见到过路的任何车辆都向人家招手，希望人家能捎带我们一程。但司机见到我们都害怕，几乎都是不敢停车。

当时真是非常痛苦，非常艰辛。有时赶上暴雨，全身淋湿，

加上背着的铁犁，脚上穿的烂鞋，越走脚底的水泡就越多。

就这样，我又走了20天，到了英德县。而这时，我得了感冒。是两手空空回去，还是继续去找订单？躺在床上，我翻来覆去睡不着。

天亮后，我抓几颗感冒药吃下去，就坐车到地理偏僻，很少有厂家到的粤北山区。

6月里，粤北的天气异常炎热，加上我还背着一把10多斤重的铁犁样板，走在路上实在难受。但我每天都起早摸黑，坚持顺着地图路线跑，从县城到乡镇， 马不停蹄。很多时候，为了赶时间和节省差旅费，我连午饭都不吃，如果路上遇到食店，就买两个馒头垫垫肚子。

几天里，我连续跑了20多个乡镇，终于在出差23天，在英德县一个镇订下了100台任务，那天真让我有生以来第一次感到自豪！晚上兴奋得睡不着。接下来的一星期里，连续订了5个供销社共450多把犁耙的订单合同，凑够满满的一车货，才踏上归程。

端午节那天，家里人都很担心，不知道我是不是出事了，但又没办法联系上我。而此时，远在粤北的我，心里只有订单，已经忘记了端午节。心急的母亲竟然找了当地的“活神仙”给我算了命。

几天后，我刚跨进厂门口，厂里的人都惊呆了，他们不约而同地走上前拥抱我。他们说，我带回来的不仅仅是订单，还有给大家的希望！厂长更是开心地对我说：“既然你有这种责任心，以后你就不用在厂里打铁了，也不用烧风焊了，你就当厂里的供销科长吧！”

就这样，由于敢负责任，敢吃苦，我的职业生涯有了改变。这种改变又让我在成长的道路上前进了一步。

在责任中成长

我天生就是一个不甘于现状、敢于冒险、敢于创新的人。1985 年，各地房地产热火朝天，建筑钢材需求大增。考察完市场，我对厂里建议，农具厂市场日渐饱和，可以转产轧钢。在大形势下，厂里股东也同意走内引外联，联合经营的路子。

我们第一个合作伙伴是北京的企业，北京那边企业出轧钢机器和技术，我们这边出人工场地。就这样，凭借机遇，一个由 18 个股东组成的利华轧钢厂红红火火干了起来。当时轧钢厂每月生产能力已经达到了 200 吨左右。

1990 年，因当时股东太多，常有扯皮、推诿的事发生。为了大家彼此不伤和气，我跟着几个股东出来，重新成立了海利轧钢厂。我们的产品也是线材、螺纹钢。办厂不久，就出现生产、销售两旺的局面。第一年，海利轧钢厂产值达到了 600 多万元。

创业，绝对是一次来自身心的、难以抗拒而令人窒息的严峻考验。一些想象不到的困难，都在考验着创业者的胆识、气魄和理性。

1992年，海利轧钢厂原材料紧缺，我接到了一个“新任务”——去湛江替轧钢厂组织原材料。当时，主管领导的说法是：“湛江市场陌生，工作挑战性大，派个没点真本事的人去肯定不行。干脆叫李儒昌去吧！”就这样，我有了独当一面的机会，开着两轮摩托车一个人直奔湛江。

在湛江郊区农村，以每月30元的价格，我租了一个十平方米的房子。放下铺盖后，才发现房间只能放下一张床。这里的一切都那么陌生，而一切又得从头开始。夏天，我居住的小屋里成了蚊子的聚合地。我不得不用湿毛巾扇着风，驱赶着硕大的蚊子。实在受不了了，就起床走出卧室坐在院子里看星星。冬天，从门缝里吹进的瑟瑟寒风，常常让我和同伴在午夜里冻醒。

俗话说“万事开头难”，湛江初期的创业着实艰辛。而我从未有过放弃的念头，我相信事在人为。在湛江的日子，我的目标很明确，争取机会为自己搭建一个平台，在这相对独立的平台上，看看自己的潜力究竟有多大。当然，这选择也是有压力的。不过，压力即是动力，动力便是推力。做大事的人，任何时候都要能够面对各方压力。我常常这样给自己打气。有时为了找货源，一天都没时间吃口东西。凭着两条腿一张嘴，说尽千言万语，想尽千方百计，购来了一车原材料。装完车后，天就黑了。累了一天，不想吃饭了，只想早点回去睡觉。就这样，能“跑”是我练就的第一个基本功，能“饿”就成了我练就的第二个基本功。

慢慢地，我在湛江市场上打开了局面。而我强势入主的魄力和吃苦精神着实令同行望尘莫及。为此，客户们都竖起大拇指夸我：“想不到，你跑材料还真有一套！”

一天，一个物资公司的朋友悄悄给我送来一个钢材批文，是国家计划指标材料。朋友话里话外的意思，这事不需要投一分钱，只要把批文拿到市场上去，倒下手给下家，就能获利数万元。后来，我把批文转给了一个急需这种材料的企业。按照当时的规则，企业为了表示感谢，给了我 5 万元中介费。

当时，给我一个国家计划指标钢材批文的事纯属私人情感回报，按常理和轧钢厂并无关联。但我觉得，这事情虽小，却涉及个人品质。在利益面前，我没有眼红，而是以身作则。回厂送货时，我把钱交到了厂里，我这种不贪图小利的做法让大家对我另眼相看。

另外，1994 年 2 月，我在厂里负责采购的时候，曾代表厂与何伟娟钢坯厂签订了购进 100 吨钢坯的订货合同，并交了 1 万元定金。同时，其他 5 家轧钢厂也分别与何伟娟钢坯厂签订了购进 100 吨钢坯的订货合同，并分别交了 1 万元定金。

在后来的亚洲金融危机爆发时，国家收紧银根，经济逐渐萧条，在不到一个月的时间里，钢材市场价格下跌了 1000 元。这时候，其他 5 家轧钢厂先后分别取消了与何伟娟钢坯厂签订的订货合同。但是，我想：做人要讲诚信，不能在别人有难的时候，只顾自己；订了合同，就要履行，一诺千金。一天，我冒着亏损 10 万元的风险，亲自上门把定的 100 吨钢坯全部拉回厂里。当时，何伟娟厂长非常激动，她含着泪对我说：现在，大多数人都是为了利益而来，亏本的生意无人做，你这么守信用，以后，你一定会发达！

到了年底，钢材市场又逐渐好转，各地陆续开始大兴土木建房屋，特别是县城和农村钢材需求量大增，很多轧钢厂又纷纷向何伟娟钢坯厂订货，有时，出现供不应求的情况。但是，何伟娟始终优先供货给我们轧钢厂。一次，她对我说：以前，我们厂有困难，海利厂能够坚守诚信，减少我们亏损，我们非常感恩，今日生意好做了，我们也不能忘记你们，只有大家共同发展，生意才能长久。

1994 年年底，由于何伟娟的大力支持，我们厂赚了 100 多万元。其实，赚钱还在其次，最重要的是这件事为海利厂和我赢得了信誉。我深深体会到：诚信无价。

在湛江期间，是我创业的一个关键阶段。1995 年，我升迁为轧钢厂主管生产的副厂长。在此期间，我第一次把主宰企业命运当成自己对未来的一次管理实践。对于很多问题，我都能提出一套套比较行之有效的解决方法。当时，没有固有的商业模式和经济规律来遵循，很多东西都是我从自己的实践中悟出来的。但正是工作中的这种“悟”和“勤”让我的职业生涯有了一次影响我人生的转机。

还有，一般人去找工作的时候，开口就会谈钱，问多少钱一个月，而我从不谈。因为我知道，企业能给我平台让我去锻炼去发展，比短期内赚到的钱更重要，因为我收获了自己的能力！

临危受命，接手危机中的工厂

在工作中，敢于承担；在管理中，敢于担当；在经营中，敢于创新。在逆境中，我的工作能力得到了迅速提升，这也为我下一步的发展奠定了非常好的基础。

上世纪 90 年代末期，小轧钢、小冶炼等各种生产企业纷纷在各地上马，废钢及废次钢材也被小轧钢厂用来轧制低价的“地条钢”。小轧钢厂用低廉的价格，与国有大钢厂抢起了生意，一度扰乱了钢材市场价格。作为草根型企业，一旦把事业做得顺风顺水，就会习惯性地对这种路径产生依赖，海利也是如此。

随着一哄而起的房地产开发热，本来就格外紧俏的钢材，市场上显得更为奇缺。随着地方基本建设投资规模加大，建材用钢价格一涨再涨，我在同庆镇的轧钢厂几乎是 24 小时连轴生产。工人们加班加点干，拉货车辆在门口等着，大有“钢铁变成金子”的说法。

一些专家开始愤然：“这种恶意的竞争与政府的博弈方式对于市场规则而言，简直就是一种巨大的破坏。”不久，此事也引起了政府的高度重视。

1999年，全国螺纹钢严重供大于求，一些小钢厂生产的螺纹钢质量良莠不齐。为了对螺纹钢进行限产，国家有关部门采取了“保大压小”的政策，对各地的小型轧钢厂进行了行业专项治理。当时，治理整顿内容包括：集中查处生产和经销假冒伪劣螺纹钢等建筑钢材的违法行为；收回属于国家清理整顿范围的小钢铁厂的生产许可证；对生产不符合国家强制性标准的W型再生钢筋等建筑钢材，或以“地条钢”和用“地条钢坯”轧制各种建筑钢材的企业一律关门、转产、停业。

当时，这就像是个重磅炸弹！政策一打压，任能力再大的私营企业也无法翻云覆雨。红红火火的小轧钢在大势中突然失势，地处化州同庆镇的海利轧钢厂也在其列。所有的股东们私下都流露出担心。在人们的眼里，没任何背景的海利轧钢厂今天不倒，明天也会倒下的。这一场市场上突如其来的灾难将海利轧钢厂几乎击垮！

屋漏偏逢连夜雨！因积劳成疾，厂长患了不治之症住院。几个月，从市医院到省医院，从省医院到上海治疗，我和他的亲属都是一路陪护，白天黑夜我守在床前，希望老厂长能快些好起来。只要老厂长能好起来，我愿意替他承受病痛。但是，老厂长的病情严重，已无力回天，弥留之际，他决定把海利的重担交给我。

病床前，厂长拉着我的手说：“儒昌，希望你能把这个厂管好、带好。不求你们今生能发多大的财，只求你和厂里的兄弟姐妹人人都能有口饭吃。未来出路就在你手上了！”

几天后，厂长走了，在我悲痛万分的日子里，我常想，企

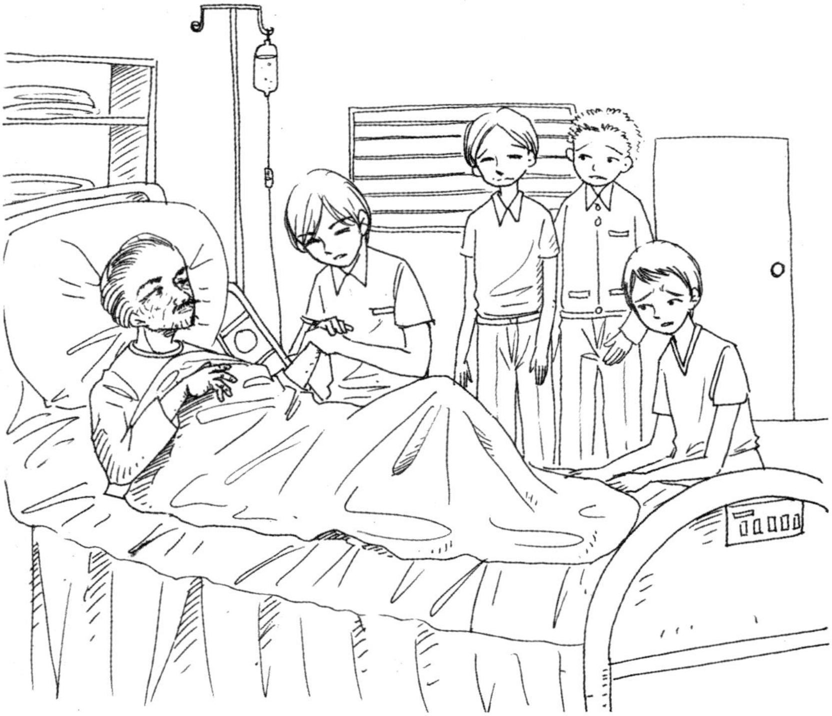

业未来怎样办？没有一个人能告诉我该怎么做……突如其来的重担和责任一下子压在了我毫无准备的肩上……我知道，从今往后，我要负责的不再是自己一个人的温饱，而是要践行我对老厂长的承诺：把工厂做下去，让厂里的人有口饭吃，有个活路……我毫无选择，必须咬牙承担下去！为了老厂长的重托，为了老厂长对自己的信任！

当初海利其实并不是病入膏肓，而是在行业政策下，企业生存环境出了问题。外部是无情的市场，内部是涣散的人心。在我这个继任者看来，工厂面临的路无非有两条，要么成功实现华丽转身，解决产品转型，要么在行业新政下自生自灭。思考之后，我决定还是要举大旗带工厂走上一条新的路途。

【启示】有时候，企业的危机就是你成长的机遇

有时候，危机是机遇。对于职场人来说，尤其在职场初期，往往会面临很多不可控，例如待遇不理想（这是一定的）、想提升空有心而力不足（这是肯定的），这个时候，唯一的办法就是“迎难而上”，因为“阳光总在风雨后”。“能干常人不肯干的活，能吃常人不肯吃的苦，能赚别人看不起的钱”，这是众多创业者艰苦创业的生动写照。

李嘉诚曾送给年轻人一句话：年轻人不要试图追求安全感，特别是年轻的时候。周遭环境从来都不会有绝对的安全感，如果你觉得安全了，很有可能开始暗藏危机。真正的安全感，来自你对自己的信心，是你每个阶段性目标的实现，而真正的归属感，在于你的内心深处，对自己命运的把控，因为你最大的对手永远都是自己。所以，危机即是机遇、磨难就是前程！

第二章 困境重生

接手一个厂，又是在政策有变化、市场有竞争的环境下，想让它生存下去谈何容易？但面对已故厂长的重托，工厂 120 人的生活来源就掌控到了自己手中。如果想自己轻松，完全可以去另找个地方打工。但是，这些人怎么办？这么多人背后的家庭生活来源怎么办？无论如何我也要扛下去啊！不试怎么能知道自己不行？

困境中的策略——四处寻觅商机

1999年，广东的气温仍和往年一样，但我的心却觉得异常寒冷。然而，上天对我的考验似乎还远远没有结束，命运也好像故意又开起了玩笑。棘手的难题再次袭来——因市场变冷而滞销存放在车间的500多吨螺纹钢，被突袭检查的技术监督局没收查封。

听到消息后，大家几近绝望！

事后，我粗算了一下，光这些钢材，经济损失就达到了100多万元。这100多万元，可以说是海利轧钢厂老少爷们的身家性命。那天，我也不免发出感慨：真是生不逢时，天不佑我？

至此，“壮志未酬身先死”的海利轧钢厂也划上了发展的休止符。

时间一天天过去了，我几乎每晚都是彻夜难眠。轧钢厂停业后，我平时的工作习惯却始终没有停下来。每天，我都会像往日一样去车间转转。带着心里莫名难忍的失落，越转心情越不好。真想放弃！

厂里几个留守的员工也不时安慰着我："厂长，你放心吧！厂子我们会看护好的，一根螺丝钉也不会少的。"

转型不易，苦闷彷徨，毕竟都不是办法。我必须振作精神，寻找解决之道。第一站是北京，接着是上海、广州、深圳、浙江。

那个时候，全国都在学习温州模式。光温州生产的打火机就做到了世界第一。很多企业向往温州，去温州参观、考察。在忍耐中发现商业机会，内心的梦想也不时地激励着我。我发现当时温州有很多好的企业，比如奥康皮鞋、富贵鸟，还有一些电器品牌，它们都比较注重广告和品牌宣传。

在温州，几个好项目进入过我的视线，但问过之后，高额的技术转让费和设备购置费，海利根本承受不起。找项目，做市场调研，我先后跑了三个省的十多个城市。结果仍是一无所获。

但就在那个时候，我有了一种思维模式：要坚定企业信念，要坚定做好品牌，海利要想做强、做大，也必须走这条路子。

也许正是在忍耐的过程中，机遇才会显露。

2000 年，广东省建委在从化县召开"十五"建材行业企业会议，我也应邀出席了此次会议。在会上，我偶然获得了一个行业消息：不锈钢管行业已经列入国家"十五"计划重点发展项目。

当时，不锈钢可谓是钢材中的新贵，需求量处于上升期，发展前景乐观。我所在的粤西乃至西南市场还处于空白。会议还没有结束，心急如焚的我，似乎嗅到了这其中的商机，便马上驱车赶往全国最大的不锈钢管集散地——佛山。

在佛山市，我一住就是10多天，我打扮成来佛山拿货的商家，深入到工厂、市场，实地考察了解不锈钢管的生产和销售情况，从不锈钢管生产的一系列工序，到有关技术，乃至设备的情况，我都一一详细了解。看的多了，了解的就多了。从庞杂的信息中，我找到了思路并获得不小启发。

当时，我想到的是，随着国家经济发展和人民生活水平的提高，不锈钢管需求将越来越大，转产不锈钢管一定大有可为，我大胆地做出了一个决定：海利转型就从生产不锈钢管开始！

三道难关，三次应对

从螺纹钢转型到不锈钢管，听起来都是在围绕“钢”打转，但是，技术和工艺以及设备却等同于重新开始！不亚于再次创业啊！

当时对海利来说，转产生产建材家装用的不锈钢管，几乎什么优势都不占。生产不锈钢时，海利面临着三大问题：一不知市场在哪里，二不知技术在哪力，三不知进什么生产设备。

所以，转产上新项目，要过的第一关就是股东会。这个过程对我来说，确实是一次心理上的较量。

从佛山回来后，我开始召集股东开会。会上，我向全体股东分析了转产的利弊。描述了不锈钢管未来的宏伟蓝图。那次大会，却不亚于是一场事业豪赌，是我对海利命运的事业赌！

股东会上，股东们面面相觑，谁都明白，这是隔行如隔山的生意，干好了，能东山再起，干不好，就是一败涂地！

“说得容易，我们哪有那么多资金，而且，这个市场也可能是有风险的。”

你一言我一语，股东会刚开，多数股东态度中就表现出了

他们特有的谨慎。

“但是我们别无选择！”

我完全理解股东的心情。“这个项目，行业环境好，行业

才起步，竞争不大，可以说是一片蓝海，粤西地区还没有生产不锈钢管的企业，如果我们先人一步，便可在市场细分中先人一步。”

在接下来两天的会议里，家族中的哥哥、姐姐都力挺我：“我们把手上的钱都拿出来，凑齐几十万还是可以的。”

经过一番激烈讨论，大多数股东被我的真诚和责任说服，海利转产不锈钢管最终也获得股东们一致通过。

但转型时，我遇到的困难则是巨大的：厂里没产品可卖，钱都压在了建生产线上。面对资金瓶颈，我也曾想到要和亲戚朋友借钱，但大家当时收入都很少，借钱也是杯水车薪。一些有钱的朋友更不愿借我，理由是海利已经走下坡路了，再借钱给海利，就等于把钱往水里扔。

有一次，到了该给职工发工资的时候了，职工也在盼着拿钱回家去“买米糊口”，而工厂的钱却迟迟拿不出来。我在办公室里从这头走到那头，想来想去，也不知道去哪里再腾挪些钱出来发薪水。

第二天，我两眼布满血丝组织大家开会。我把厂里的实情跟大家通报了，原以为大家会马上闹事，这样海利轧钢厂肯定就完了。但出乎意料的是，大家非常支持我，表示愿意一块吃苦，共渡难关，这给了我莫大的信心和鼓励。看到大家这样支持，我心潮澎湃，更加坚定了继续走下去的信心。

有人给我建议：“儒昌，你不能就这样等死，关键时得去找银行。”

“对呀！银行不是可以贷款吗！”我先是找市政府领导汇报转产计划：“海利轧钢厂转产，不单是海利轧钢厂的事，它成功与否关系到地区轧钢行业能不能够杀出一条产业升级路子出来。”尔后，为了让领导和银行了解海利和不锈钢管这个行业，我请市领导出面请银行一起到佛山考察不锈钢管这个行业，让银行对不锈钢管行业做进一步了解，又对海利的可行性报告进行了专项分析，最终我们赢得了化州农行近千万元资金的扶持！

与此同时，我又安排其他股东千方百计募集资金。为了海利的发展，也看好转产的前景，每个股东都自觉地把家里能拿的钱拿了出来，有的还向亲戚朋友去借。甚至有的股东还把自己预备建房的计划搁置下来，把钱交给了公司。

在大家的齐心协力下，资金问题全部得到了解决！但还存在其他的问题，比如市场的变化等。我们几乎都没有先例、经验可以学习和借鉴。所以，只能依靠自己的判断去做事。

第一件事就要找到不锈钢制管设备。我对广告有天生的敏感度，从一个报纸的广告上，我很快找到了一个做不锈钢制管机的工厂。

见到老板后，我说：“老板，我要买一批制管机，你能不能带我看看样品？”老板一听我这话，当时非常高兴，马上就带我去参观他生产设备的工厂生产线。参观中，做过轧钢的我发现，制管和轧钢差不多少。轧钢和制管工作流程，都是把原材料从大轧到小，经过模具后就变成了管坯。然后，通过自动

焊接后就成了不锈钢管。那一瞬间，我就像发现了新大陆一样。但当时我留了个心眼：还有没有比这更先进的设备呢？于是，我又通过广告和别人介绍，摸索到了有些大厂在用同样的设备，但却是国外引进的。经过比较，我还是看中了国外生产的更好的设备，虽然价格比国产的高些。因为我想“一步到位”。要做，就用最好的设备！

后来，我们在本着高质量产品的前提下，决定购买最好的设备。在确定价格后，我和工厂签订了购买制管机的合同。在原来的两条轧钢生产线的位置上，引进安装了16条台湾的制管机和抛光机、日本的焊机，配备精度r射线智能测厚仪、维氏硬度计等先进的检测仪器。海利厂里人手不够，50多人组成的创业队伍没有半句怨言，清理厂房，拆装设备，铲除杂草。在布满荆棘的创业路上，开始了新一轮的艰苦创业。那时，工作一天，下班身上灰头土脸，累得浑身像散了架一样。但从没有人抱怨，也没人叫苦。艰苦奋斗的精神，从此种在了大家的心里！

紧接着，招贤纳才。我们又从佛山高薪请来制管师傅和管理人员，在欢快的机器轰鸣中，工厂举行了隆重的开工典礼。

转型初期——高起点，高定位

海利转产初期，从设备购进，到人员聘用，实行严格把关，宁可多花钱，也不要低一等的。海利不锈钢厂投入生产以后，首先狠抓产品质量，经过技术指标测试，海利生产的不锈钢管不仅达到了行业合格标准，表面光洁度甚至比其他企业的产品还好。但是，因为海利不锈钢厂是农民办厂，没有知名度，市场都还认佛山生产的不锈钢管，销路一时很难打开。要得到市场的接受需要一个艰难的过程。那时，摆在海利人面前的无疑是一场产品营销战。

刚开始做不锈钢，我们是很弱小的。2000 年的时候，竞争对手都已经做了好几年。我们怎样才从这个市场里脱颖而出呢？走什么样的路，才能把这个市场做大？这是我和管理团队都在思考的问题。所以，2001 年，海利提出企业“主攻广东、广西，面向全国，走向世界”的营销决策。其含义是：以质取胜是海利的经营理念；做强做大是海利为之奋斗的目标。在这个目标的鼓舞下，大家信心满满。

但是，推销起来并不是很顺利。因为我们之前是做轧钢的，以生产小螺纹钢为主，现在突然改生产不锈钢钢管了，很多人都不知道，甚至不相信我们能做好。而且当时生产不锈钢的也不止我们一家，其他企业已经开始做了。

“我们一定要做下去，并且做到最好！”我暗暗发誓。

当时，在广东粤西地区，因价格低廉原因，不锈钢管市场以“201”和“304”产品为主导。而人们对产品不甚了解，大都认为既然敢称“不锈钢”产品，肯定就不会生锈。消费者的观点是，如果质量差不多少，肯定会首选价格便宜的产品。错误的消费观，也让产品性能不佳的“201”产品一度成为市场的“宠儿”。订货时，也有人知道“304”是不错的，而海利生产的“304”是不锈钢产品中的“上品”，却在粤西市场占的份额很小很小。

起初，在“201”和“304”几次市场博弈中，海利没占上风。于是，海利决定从侧翼进行差异化营销，合理地避开了生产线的产量战。我用品牌策划给海利充电。设计LOGO，编撰广告词。同年，我为企业制定了三大战略：品牌战略、区域强者战略、人才战略。其目的，是要走出一条别人没有走过的路，而且，是要走出一条别人谁也想不到的路！

前店后厂模式，明确目标撒销售网

2004年，广东不锈钢市场是一个群雄割据、各自为政的混乱局面，情况不容乐观。不同厂家，不同生产线出来的不锈

钢管，牌子虽然众多，但品质普遍低下，又不注重宣传，即使是宣传，也都是同样同调。我那时也是野心不小，即使不能称王，起码也要在区域里称霸。于是，我瞅准了粤西这个群龙无首的空当，打了一场代号叫“304”的不锈钢之战。

当时，在不锈钢行业，很少有人搞宣传。我们也没有在市场里推广，“304”的知名度不够，力量也就显得薄弱。

为了尽快把产品打出去，顶着炎炎烈日，我带领一帮人四处推销、宣传，走茂名，上高州，去电白。虽说市场不相信眼泪，但是会相信产品和诚意。推销的人反复在客户面前强调：保证交货时间，质量不满意包退货。几天下来，十人有九人哑

了嗓子。

找经销商的时候，经销商们也都没信心。我自己出马，联系经销商，没有一家店敢进货，结果跟业务员反馈的意见一样：代销。

既然经销商不做，而我们下决心是要干出个名堂来的，干脆我不如自己先去开店养活自己！

我们第一家店开在了茂名。在茂名高山建材市场找了两个门面，我边开店，边做广告，边对顾客宣传。

慢慢地，三个月之后，我们有了一定销路。客户用了海利不锈钢管后，都感觉还是不错。当时，我对客户也做出了承诺：如果我们生产的“304”回去使用后生锈，我们就给顾客双倍赔偿。这个服务承诺等于是我给自己做的广告。四个月后，我们在茂名开的第一家店就被当地一家经营佛山厂家产品的一位郑姓老板看中了，我把店整体80万元转让给了他。拿着这笔钱，我又开始在电白继续开店，然后去高州。2001年，海利提出企业“主攻粤西、广西，面向全国，走向世界”的营销决策后，就陆续开了八个店。

走自己特色的经营路子，经营模式肯定不一样。我们海利有工厂店面，经营方式上自然和佛山模式不一样，佛山是不锈钢集散地，不管你经销商赚不赚钱，你要就给你，你不要就给别人，市场虽然比较宽、比较大，但它们都大而不强，很容易给别人踢破。而我不同，我自己生产，自己销售，只要你过来拿货，我的店就赚钱，今天你不做了，明天他也过来拿。我属

于区域里的小而强。这也是我们海利开始就与别人不同的地方。

因为生意好，别人也开始来找我们了，我们做好了再转给他。这也成为我们海利的杀手锏。对找上门来要和我合作的人，我提出新的要求：“我要找有能力的人接管，你可以做经销商，但我要评估你的能力。”

同时，我还不断引导经销商：“你现在做得不好，做得不强，原因就是靠自己单打独斗。你没有强大的品牌，你的团队也不强，自然也不会成为品牌。团队的力量是最伟大的。我们合作才有可能真正的共赢。合作就要打破封闭的传统思想。”

合作既然这么重要，我们开展工作的时候，就需要有意识地与人联盟，建立联盟机制。

虽说市场不相信眼泪，但是会相信海利产品和我们的诚意。在客户面前我们反复强调：保证交货时间，质量不满意包退货。几天下来，我的团队里十人有九人都说哑了嗓子。就这样，慢慢地，我们海利不锈钢产品很快在粤西地区打开了市场销路。

在进入市场时，海利十分注意与经销商的友好合作，向他们提供各种帮助，给予较优厚的政策，激发经销商经营海利产品的积极性。

而且，我始终坚持提倡“经销者利益第一，本企业利益第二”的原则，始终与经销商保持友好商务关系。还投入大量金钱和精力，帮助经销商开展广告宣传，推进和提高产品的市场声誉，扩大销售额，并形成了一张遍及各层级市场强大的销售网络。

那个时候，无论是中午，还是晚上，手机基本上是关不掉的。有经销商打来电话，有客户打来电话，前者是来要货，后者是想要做代理。在广东、海南、广西市场网络建起来以后，我做的第一件事情就是巩固市场。用巩固维护提高品牌影响力。我一直不满足现状，想着走出去，把生意做大。

农村包围城市，做小池塘里的大鱼

随着海利营销网络半径的逐渐扩大，上面所说的“利益”纽带已经转变为“家人”和“伙伴”平台。大家相互依赖，以发展为先导，共同谋求市场双赢。在茂名、高州、电白等县城，有的海利经销商甚至开了多家门店来经营“海利”牌不锈钢产品。

为了避免和对手正面竞争，我决定把海利不锈钢管直接送到镇子里面去卖。如果我能在农村市场占到 50% 的份额，那么任何品牌都打不败我。我决定先把农村这块市场先搞定，以“农村包围城市”的战略做市场，力争把海利做成“小池塘里的大鱼”！

在“201”和“304”市场博弈中，我发现，海利虽然产品好，但是在市场中并不占上风。而且海利的厂址在化州，以前的烂轧钢厂形象也阻碍了海利的发展，我决定从侧翼进行差异化营销，合理地避开不锈钢产量战，专注品牌推广战。当时我的想法是：“一定要让海利找到了一条自我发展，自我突变的

广告
广告
广告
广告

创新之路。要让海利成为化州的一张名片，海利也一定要带动化州经济的发展！”

为此，我为企业制定了三大战略：品牌战略、区域强者战略、人才战略。其目的，是要让海利走出一条别人没有走过的路，走出一条别人谁也想不到的路，走出一条自我发展、自我突变的创新之路。

2004 年，我与广东工业大学进行技术合作，在传统制管机械上成功研制出加装多组特殊装置模具，成功地制造出了方管、矩形管等，并使钢管角度更方正，管面更平直，焊接更平滑无焊痕。我的想法很简单：有好产品才能生存，然后再去想发展。

在宣传海利品牌时，我开着车，拉着媒体记者四处跑，让人家看海利不锈钢管品质。公司销售人员开着摩托车跑社区、下乡镇广泛宣传。在很多同行看来，海利建立如此庞大的销售网络没有必要，何况销售范围本身又有地域局限性。

在开拓市场过程中，海利以进攻农村基层，通过“点、线、面”的销售能力，让产品成为企业利润增长的一个手段。通过广交朋友，撒网布点，共谋利益，很快，海利就打破了行业不充分的均衡和平静。这时，曾经忽视海利的人才突然发现：“狼来了！”

在转型基础上，我曾运用“借势”和“行势”等企业管理智慧，对产品生产、经营、销售等方面进行了大刀阔斧的改革，实现原工厂脱胎换骨的转型。在转型过程的背后，从表面上看，

是市场商机和技术手段，而在深层次上，则完全是我在企业经营和管理思想的成功转型。只有以品质作为核心竞争力，才能保证企业永立不败。全力打造海利“304”，既可弘扬企业战略和价值主张，又可避开红海竞争对海利造成的损伤。在经营期，我以“先做强，再做大”的思路，开始逐步在周边区域实施“品牌”战略。

这一年也是我最忙碌的一年。

在推广品牌的“人海战”过程中，我动了不少脑筋，费了不少口水。这段时间主要做好了三件事。

第一，大胆投广告，让消费者引领经销商。

刚开始转产不锈钢管时，很多消费者对不锈钢知识还缺乏，误以为“不锈钢”顾名思义就是不会生锈，而一些不法商家就利用这一点来瞒骗消费者，他们用一些低质的“201”材质冒充高品质的“304”材质生产不锈钢管。为了让消费者了解和识别“304”材质与“201”材质的差别，我们就通过做广告，教会消费者，让消费者了解“304”材质的价值，明明白白地消费。

同时，为了让更多经销商能代理海利的产品，我大胆做各种广告，用广告影响有需求的消费者，让消费者一想起不锈钢就能想起海利的产品，并去经销商那里寻找。这样一来，来自消费者的终端需求就能直接刺激经销商对海利的关注。这段时间投入了大量的资金于部署中，期望在户外广告牌子制作、广告宣传、产品质量及营销等诸方面各环节开足马力，一鼓作气，重拳出击，这样既可令众多对手望风却步，又使自己迅速占领、巩固市场。旋即就大红大紫起来。事后，还有同行在暗自叹惜："当初为什么就让海利先行了一步呢？"

同时，帮经销商引导消费者对海利产品的认知，因为消费者不是技术专家，在向消费者解释什么是"201"，什么是"304"时，海利销售人员都会在广告上或者现场做过多次试验，同时把"201"和"304"放进含酸、含碱的药水里进行对比。30秒过后，药水里的"201"全部变黑，而"304"却没有什么变化，好方法外加好营销，海利的品质也获得了化州及周边城市消费者的信赖。

第二，建立强大的经销商团队。

从2005年开始，在强势竞争品牌无暇顾及的偏远市场，我又筛选出好的销售人员去开辟市场。先是重点聚焦区域市场，在区域市场进行"纵向"和"横向"布局。在纵向上，由公司自上而下的自建渠道进行直销；因为二三级市场的零售点分散，分布区域较大。在横向上，主要依靠经销商承包按片销售。然后，通过走差异化的战略，聚焦三、四线城市。针对强势竞争对手的弱项，通过营销4P里的产品、价格、推广、通路开辟新蓝海市场，迅速树立以海利"304"为主的区域性领导品牌。

"只有让公司吃小亏，让消费者占大便宜，让时间见证品质，海利才能夺取市场。"简单有效的方法，很快在市场奏效。海利总算是有了一个韬光养晦、东山再起的平台。

在海利的发展过程中，我认为："把消费者最中意的商品

能够最快地送达他们的手中，是企业最大的价值。如果不能带来价值，你就要消失。这个行业一点投机都不能有的。”所以，“先做强，再做大”成了这个阶段我的主要发展策略。而赢取更多经销商对我们海利的关注，依靠大家的支持，也让海利有了在市场上站稳脚跟的坚实基础。

2001—2006 年，海利集团依托粤西地区的天时、地利、人和，精准“定位”在“304”不动摇。专注聚焦，做强做大，旗下有了化州市海利集团有限公司不锈钢制管厂、海利不锈钢（苍梧）有限公司和高州市桥联不锈钢制管有限公司。年生产能力已经达到 2 万多吨的规模，产品包括建筑装饰用管、薄壁不锈钢水管、五金家具管、工业配套用管等。海利集团也一举成为了粤西地区“304”材质的老大，从而引来大大小小经销商来海利“上岗”。

第三，农村包围城市策略。

海利在粤西市场站稳脚跟后。以“先做强，再做大”思路，开始逐步在周边区域实施“品牌”战略。空中采用“高炮”宣传，地面采取“农村包围城市”。目的是让产品达到“天上地下”无人不晓的效应。仅用 2 年时间，大胆的战略就让海利实现了从无到有，从小到大，从弱到强翻天覆地的转变。产品销售额也从2000万上升到2个亿。海利集团迅速实现了“完美的一跳”!

海利在区域竞争中赢得了先机，其实这也是规避竞争的一种体现，在别人都没有想到或做到的时候进入市场，就避免了同业竞争。赢得了市场等于赢得了消费者的心志记忆，人们可以清楚地记得冠军的名字，可亚军就不一定。先入为主，不仅可以赢得消费者的记忆，还可以创造和引领区域消费。

随着海利加速粤西地区市场的快速洗牌，不经意之间，海利不仅已经不动声色地把“304 话语权”掌握在手心，在不锈钢管领域里，“化州的海利”也在同行业中脱颖而出！化州的经济地位也因此而改变！

发展策略——专注聚焦赢未来

海利集团有一句话：“专心专注成就专业，聚焦专一成就第一。”在海利内部，人们把这句话看成是成为第一的秘籍：因为没有一，后面再有多少零也没有用。我坚定地相信，只有靠专注的基因才能成为冠军。

所以，在拓展不锈钢管市场之初，海利就把自己的专注放在“304”身上。

2005年开始，“201”不锈钢管在市场上销得很好。有经销商觉得，销路好的产品，肯定有市场。于是，他试探着问我：“李董，我们是不是也可以搞些‘201’？这个产品现在很好卖。”

他万万没料想，我听到这个消息，不但没高兴，反而在电话里大发雷霆：“海利只卖‘304’，海利绝不把消费者当傻子。如果发现你们偷偷在市场卖‘201’，我马上取消你的经销权。”

我认为，企业关键是要定好位。作为一个行业来讲，谈不上失败，也谈不上成功，每单生意和买卖都有可能挣钱，也有可能赔钱，这是市场交易行为。少做一单生意没问题，如果事业定错位就很麻烦。事后，我也承认当时的脾气太急躁。

在力排众议后，我果断地决定：海利不生产，也不卖劣质产品。生产线只生产“304”。这是一种模式，也是一种策略，更是一种企业未来发展的战略。海利之所以敢下横心，是当时对经销商的入场门槛定得很高。如果经销商不符合这个标准，海利的产品就不会给你来卖。已经进来的商户如果违反了某些规则，还将被扫地出门。

企业赚第一桶金的时候，必须冒一定的险，任何一个企业的成功都是需要一点运气的。

于是，我力邀广东工业大学教授莅临海利，为销售部和经销商们举办专业技术知识讲座。比如，标准的“304”不锈钢，铬和镍含量分别为18%和8%；而200系不锈钢，铬和镍含量较低，因此添加了锰代替，而锰形成的一种氧化物容易生锈。如遇到暴雨或者酸雨，不锈钢的防锈能力也会大打折扣。全员营销“海利”牌“304”的远见卓识，让海利成功地预见了未来，遥遥领先于竞争对手。

“你不要做‘大众都喜欢’的产品，因为这样你就缺乏了‘特色’！”

我告诫销售团队：“做营销的人，要做的无非是两件事：一个是做别人还没想到要做的事，这是最高的水平；另一个就是别人都想到了，但还没有做好的事。不要把‘201’和‘304’当成是数字游戏，它们分别代表着不锈钢管行业标准高低之分和产品性能。”

眼下令人兴奋的市场局面，只能是一时的，从商业发展规律而言，绝不能一直出现井喷式的局面。井喷过后，市场必然疲软，企业如果能在今后仍然幸存，那么一定靠的是质量。我深知这个道理。

2005年，海利有大大小小网点近百家。让海利优秀的思想复制到所有网点，也不是那么简单的事。一次，海利两个代理商为争夺一个市场打了起来。消息传到总部，原因很简单：你拉我的客，我不让你拉我的客。打架事虽然很小，却让我思索。

管理只有工具化，公司的管理制度和理念才可能被贯彻和执行。为这事，我专门召开了由经销商参加的会议，我说：“经销商分布在各地，占领市场就要自身硬，只有大家同频道、同发展才能同成长。要改变自己的命运，只能从源头改变，这个源头就是思想。因为思想是种子，如果在大脑里种下‘妄念’的恶种，最终结出的将是人生的苦果；如果在大脑里种下‘正念’的善种，最终收获的肯定是香甜可口的蜜果。”

事后，两个打架的代理商找到我说：“李董，我们现在想明白了。海利人成长比成功重要。”

竞争期——巧策划、塑品牌、抢市场

广东是全国改革开放最早的省，无论从市场需求占有率，还是从品牌效应影响力考虑，如果能在广东站稳脚跟，就可以在中国最大的消费者群体和不锈钢市场重新洗牌过程中分一杯羹。对海利来说，这意义无比深远。

所以，我很早以前就有个很清晰的想法：企业要求生存谋发展，产品招商，产品销售渠道快速、低成本拓展，树立品牌无疑是众多企业的制胜法宝。海利不光要树立企业品牌，还要树立个人品牌。品牌的胜利其实就是企业对企业 PK 竞争的最好结果。

2004 年，海利用有效的传播方式为品牌鸣锣开道，将品牌纳于名牌战略，强化自身品牌的推广。我们每天都会不懈怠地检查我们的工作方法是不是有误，是否顺应市场。在海利集团经营会议上，我谈了对品牌发展的五点意见：

1. 做品牌要从了解市场做起；

2. 要真正地了解产品并且进行市场细分，这是品牌重塑的基础；

3. 洞察消费者需求，要多问为什么我们要做品牌；

4. 根据海利产品的特点，找出品牌差异化，细分区域里最重要的市场突破；

5. 运用专业知识和市场洞察力，以吸引目标、细分行业市场，让海利品牌家喻户晓。

为做好品牌，我看过一些营销广告类书籍，也逐渐明白了一个道理："如果推销产品不做广告，犹如黑夜之中暗送秋波。"事实上，广告之争首先是消费者的眼球之争，"注意"是第一道大门。无论是营销策略方案，还是技术层面，最终整合的实际上是受众的价值。如果企业要转变发展方式，那么宣传同样也是一种转变发展方式的手段。我认为，对于海利户外广告来讲，打开消费者之门显得至关重要。这一年，我首选的广告宣传形式就是户外广告。

第一块广告牌的故事

为了配合电白市场销售，我的第一个户外广告牌选在电白县。当时，一块户外广告费要 7 万元钱。第一次听说要花那么多钱做广告，广告效果怎么样？我们股东层也有不同反应。产品招商最忌讳认识不统一，团队对产品、市场和招商意见相左，造成内部信息混乱，招商效率低下。于是，做第一块广告牌的时候，我开车把重要的股东带去一起看，争取大家的意见："你们看看这个位置打广告行不行？"

当时，股东里有人嘀咕："打一个广告就得花那么多钱呀！

可效果还不知道怎么样！”

也有人说：“广告的想法是不错，但如果所花的钱超过我们的利润点，我们就划不来。”

“我相信市场是有的，广告也是有效果的，关键就在于我们有没有信心，有没有勇气去做。做了就有可能成功，不做就是死路一条！我们试一下，如果你们觉得不好，赚不到钱，打广告的钱算我的好了。”见我如此坚决，几个股东也就不再吱声了。

海利第一个广告方案，我亲自到茂名广告公司指导设计。与设计人员一起不停地想，不停地画，每一个灵感都不放过。设计人员拿出初稿后，我又不断地修改，光设计出的草图就有几十份。我把广告设计的水准提高到行业水准，使得海利的广告与竞争对手相比，使人一看就觉得是个大公司的产品。

我把“海利”两个字做得很醒目，后面加上“不锈钢管”四个字，下面配上广告语——时间见证品质，信誉赢得未来。整体设计简洁，主题突出大方，震撼力强，让人一目了然，过目难忘。海利第一块外宣广告就是这样“千锤百炼”才出来的。

海利户外广告出炉以后，创新在让消费者眼前一亮慷慨解囊的同时，广告提升了海利的知名度，也成为整个行业研究和效仿的榜样。先是店里电话响了，然后是慢慢来要货的人也多了。在户外广告的造势下，海利不锈钢管在市场销售量也越来越好。凭借“好产品、好宣传、好服务”等营销手段，几个月时间，我们海利一路高歌，并很快地成为了粤西地区的第一品牌。随着经营规模的逐渐扩大，海利的市场份额得到了快速增长。

代言人策略

在品牌营销上，我开始一掷千金，动用的大手笔也是可圈可点。谁最善于利用媒体，谁就能拥有未来。我深知利用广告宣传中的借势、造势对海利发展的价值。我以巨大的勇气开始了新的尝试——在地方电视台打海利不锈钢管广告。从地面到空中覆盖式的“轰炸”，让海利产品家喻户晓。我们做大了，别人自然也插不进来了，因为消费者心中只有海利。

2006年，电视广告为海利发展带来了巨大的成功推动作用，海利销售额也突破了两亿元。一炮打响后，我立即挥师四面出击，大举占领粤西市场，并以迅雷不及掩耳之势，迅速建立起了海利在粤西的霸主地位。实现领跑之后，我将发展重心和焦点也集中到了对产品和消费者的研究中，即要为消费者创造更好的消费体验。

当品牌发展到一定阶段，必然要进行升级，为品牌增添更多的附加值。经过再三考虑，我决定通过代言人的影响，把海利的行业地位体现出来。基于品牌传播的考虑，2009年，经过了很长时间的调研，在对代言人进行全方位筛选后，最终选择在国内外知名度很高的台湾歌手卓依婷作为海利的代言人。卓依婷7岁开始唱歌，凭她甜美的歌唱实力，深受男女老少喜爱，不久，即名扬国内外。她个人正直、纯朴、善良，具有中国人传统的“真、善、美”，非常适合我们海利产品的定位——不锈真品质，海利“304”。

由卓依婷代言的广告——**“用不锈钢管装修房子，就要选择能用一辈子的放心品牌——不锈真品质，海利304”**，更是引起了消费者对海利“304”在情感上的共鸣。我们的电视广告融合了非常多的创新，时至今日，依然为很多行业津津乐道和效仿。

事件营销

2006年，台风“派比安”带来的狂风暴雨，导致许多地区“屋倒倒”、“树歪歪”。随“派比安”而来的酸雨，让许多房屋的不锈钢护栏、扶手先是变黑，而后出现锈迹。经市技监部门鉴定，上锈的不锈钢产品都是201材质的产品。

按照当时技监部门的说法，那些生产销售201不锈钢产品的企业，天天都能接到消费者对企业投诉、质疑的电话。一些“201”经销商也体会到产品从“口碑”到“口悲”的难熬滋味。

我下面一位经理曾经这样回忆道：“当时‘201’市场火爆时，是有人赚了一笔，但是没有长远的考虑。赚钱的人，以为自己是经商的高手。随着供求关系的变化，他们的市场都消失了。而像李董这样的人，固守着诚信的理念，所以才能走到今天。”

台风“派比安”为海利“304”做了一个鲜活的广告。几个回合之后，海利获得了社会高度的关注，成了报纸消费版面关注的话题。这次事件也被行业人戏称为“海利‘304’大战‘派比安’事件”。是要品质还是要利益？如果把那场“派比安”营销看成是一场“没有硝烟的战争”，那么，海利代号为“304”的行动，在市场上体现的是两种门类相同的产品，围绕品质开展的品牌之战。我们海利用“品质”之剑赢得了战争的胜利。台风“派比安”过后，“201”市场可谓是深陷酸雨泥潭。社会各界也呼吁要对不锈钢产品的质量加以重视。《茂名日报》还特地邀请了我，在报纸上开了一场辨别“304”真伪的消费知识讲座。

市场果如我意料的那样，台风之后，许多消费者买不锈钢扶手，家庭防护栏时，只要听说经销商说店里不经销“海利”

牌，多数人都是掉头就走。很显然，必选“海利”牌已经左右了人们的消费观，台风“派比安”让海利一战成名。这也直接拉动了海利产品在粤西、广西市场格局的变化。

品牌保卫战

有品牌的产品好卖，信赖的客户群体也刺激了市场的快速增长。但同时，来自阴暗角落的风险也广泛存在，知名品牌也会处于假冒伪劣产品非法流通造成的袭击风险中。见“海利”牌好卖，产品紧俏，一些利欲熏心的企业和个人，也打起了假冒“海利”牌的主意。

台风“派比安”过后不久，就有消费者给我报料说，有人在几个市场销售假冒的海利牌“304”。派人核实后，市场上的海利牌“304”确实有假冒。当时，我们生产的产品质量非常不错，而很多不良企业打着我们海利的旗号销售他们的产品，这给我们的声誉造成了严重的影响。于是，我便开始组织了一场打假活动，带着很多员工，拿着我们的生产样品去向消费者展示，结果是打假活动打出了海利这个品牌，很多消费者在意识到海利产品质量过硬后，都成了海利的老顾客，以后买产品，就首挑海利产品。

为了防止他人制假给消费者带来经济损失，我想出了一个主意——在产品出厂前，用模具技术在产品上打上“海利304”钢印字样。此招一出，也遏制了制假的企业。凭借这种防伪标志，消费者就能轻易地辨别“304”真伪。海利经销商会“煽情”地对犹豫的客户说:“不买‘304’是你的错,不卖‘304’是我的错。”最终,在同质化市场的惨烈竞争中,“海利”牌“304”以差异化营销在市场杀出一条血路,市场份额上升了50%。

2006年,海利不锈钢管被广东省质量技术监督局评为省内同行业首家“广东省名牌产品”。“海利”商标被广东省工商行政管理局评为省内同行业首家“广东省著名商标”。品质立业,诚信兴企,也让海利获得打开成功之门的通行证。对海利人来讲,“304”已经不仅仅是单纯的数字,而是成就海利品牌的功臣。

【启示】带兵打仗，要靠智慧取胜

创业离成功还很远，在这个过程中，不仅需要大量的资金和强大的实力，同样也需要，一种能克服千辛万苦的耐力与判断力，以及自身的智慧与担当。马云说：“创业者要有吃苦20年的心理准备。他要想好未来的路怎么走，未来的路上有什么挫折。”但是，创业路上的经营拐点如何度过，则是需要靠自己的智慧与头脑去思考和判断的。那就是“思路决定出路”。

第三章

机遇与挑战

2008 年，是我人生中最精彩的一年！这一年中，既有荣耀，也有压力和挑战。这一年中，发生的两件大事，成了我人生最大的变换阶段，也足足让我飞过了惊心动魄的两个浪尖！

荣当奥运火炬手

2008 年，中国迎来了举世瞩目的奥运会承办权，由于我一路来热心体育公益事业和为当地社会经济发展作出了巨大贡献，并得到茂名市人民的充分肯定，当奥组委让茂名市推荐一名优秀企业家做奥运火炬手时，我非常荣幸被推荐为火炬手。2008 年 3 月 22 日，广东主流媒体《南方都市报》在显著位置刊登了《奥运火炬 5 月 8 日到达深圳火炬手名单确定》的消息。在奥运火炬接力深圳站火炬手名单中有我！

迎来这意想不到的荣耀，我的家族和企业都沸腾了！大家都沉浸在无限的喜悦中，这是何等的荣耀啊！

那天，晴空万里，一扫连日阴霾。看到消息后，我们海利集团所有的人都沸腾了。员工雀跃，振臂欢腾，共庆海利能参与这百年盛事！

自从成了“名人”后，我也开始面对许多采访，在接受《茂名日报》记者专访时，我也进行了表达：“得知自己被推选为火炬手，我很高兴。中国第一次举办奥运会，说明我们的国力赢得了世界的公认，作为一名中国人，我觉得很光荣！我会以

实际行动来积极支持北京奥运，将企业做大做强，鼓励员工热爱、支持体育运动和体育事业，为国家富强而尽力。”

2008 年 5 月，海利集团组成了 40 人的 2008 奥运圣火（深圳）拉拉队奔赴深圳。

5 月 8 日，在参加火炬手传递之前，作为茂名企业家代表当选火炬手，我在深圳对记者说：“上午，筹委会向火炬手发放了传递服装，并讲授了‘祥云’火炬的使用方法和传递注意事项，使我感觉离‘祥云’、离奥运更近。那晚，我还为此激动得睡不好觉。”

参加完奥运火炬手活动后，我走在广东茂名、化州大街上，常常被人认出来。有要求合影的，有要求签字的。也有人调侃地问我：“李董，你花了多少钱才弄成的这个火炬手？”

我告诉他们：“这是个神圣的事情，是用多少金钱也无法买到的！”

今天，虽然 2008 北京奥运会已经过去，但那美好的一刻，已经连同我那支奥运祥云火炬印在了所有海利人的心里。

正当我还沉浸在传递奥运火炬的兴奋中时，险些影响海利生存的事件发生了！

金融危机中，谋略取胜

2008年夏，在海利的市场逐渐向好，我准备大干一场时，美国次贷危机来了！一些大牌的经济学家文章里透射出了对全球经济形式的担忧。一直关注期货市场动态的我马上就有了不好的预感："美国的经济是世界的龙头，如果连龙头都自身难保，那些小鱼小虾式的小企业更可想而知，很多行业都会因此受到影响的！"

面临危机的时候，企业家往往会运用逆向思维。我虽然没学过金融专业，但面对诡异不定的市场，一直以来对不锈钢行业的专注，让我对这个行业的变化非常敏感：今年市场肯定会有变化！我必须时刻准备行动！

首先，出奇招，早布阵。

几乎每天，我都在关注与行业有关的金属期货的变化。我随身带的一个笔记本上，记满了密密麻麻的价格数据。左边是国际市场，右边是国内市场，方便相互之间换算对比。

不锈钢所含化学元素成分中最贵重的是镍，镍的价格波动直接影响不锈钢价格的升跌，国内镍的价格又与国际市场上的

价格直接关联。所以，一直以来，国内不锈钢行业厂家都非常关注国际上镍的价格走势。

2008 年 8 月 25 日，我通过信息了解到，美国可能出现次贷危机。我马上意识到，如果这样，镍的价格将无可避免受到冲击，镍的行情，涨的几率小，跌的几率大。

于是，我马上果断作出两个重大决策：第一，停止购进原材料，尽快把库存产品销售出去。从现在起，要多少原材料，就进多少，不压仓；第二，从 8 月 1 日起至 9 月 30 日止，开展为期两个月、主题为“庆国庆优惠活动”的产品促销活动，按销售额提取3%的金额，折算奖电视机、电冰箱等家用电器给用户。这次促销活动很成功，到9月30日止，几乎把仓库的产品一销而空。

到2008年10月，全球开始爆发金融海啸，经济一路下滑，镍的价格也不例外，开始连续下跌。这时候，由于我们未雨绸缪，及早应对，已经回笼了大量资金，生产需要多少原材料，就采购多少，不压原材料，以销定产，又不积产品，面对危机，却轻松自如。

到2009年3月，不锈钢原材料价格由原来的每吨25000元跌到了每吨13000元，下跌将近50%。这时候，整个行业产销一片清淡，大家都处于观望状态，上游不锈钢厂积货严重，资金周转困难，处于亏本状态。3月20日，我们经过多方面向上游不锈钢厂家了解到，他们由于几个月的亏本经营，日子越来越艰难，加之他们预测4月原材料价格还会继续下跌，计划在4月开始减产。而制管行业内，大家都想在最低谷时购进原材料，现时大家都在观望，暂停购进原材料。

这时候，我想，市场是一只无形的手，最低谷在哪个时候出现，很难预测，谁也把握不了。我在钢材行业专注做了20多年，凭我丰富的经验，感觉机会已经悄悄来临。

1. 不锈钢原材料从每吨25000元跌至13000元，跌幅之大，已经超出了正常的市场供求关系的影响，更多是受人们的恐惧心理干扰，是市场不正常的反映。

2. 当前原材料价格每吨下跌了12000元，而我们的产品

销售价格下跌只有每吨6000元，进销价差比过去拉大，这时的原材料价格我们完全可以接受。

3. 如果4月原材料价格继续下跌，市场的订货量和出货量也必将继续减少。我如果悄悄开始吸货，将很容易控制整个市场的量。

4. 历来都没有只跌不涨的市场。如果想在最低点拿货非常难，而在次低点拿货就比较容易。一般来说，跌幅越大，反弹的涨幅也越大。如果到市场出现反弹的时候再进货，成本就高了。

通过以上分析，我从3月开始陆续把所有资金约5000万元投入去进货，并在3月24日召开经销商应对金融海啸誓师大会，以“坚定信心，强练内功，加快发展”为主题，鼓励引导经销商把握历史难得机会，开始陆续进货，并出台向经销商融资的措施，经销商如果在本月汇款到公司的，如果市场上不锈钢管跌价，公司则按跌价供货，如果涨价，公司则保持不涨价供货。

其次，密切关注市场变化。

在3月底短短几天时间，我们公司就收到了近6000万元的预付货款。公司立即用这笔款与上游不锈钢厂家签订4、5月的期货，合约共1.2亿元。上天总是把机会给先知先觉的人，签订合同的第二天，即3月29日，市场行情突然调头转向，镍的价格出现快速飚升，一天中上午和下午的价格差别都很大。这时，厂商见行情看涨，都不愿出货，即使有出货，数量也比较少，出现有价无货的局面。

这次金融海啸，由于我们准确预测，大胆决策，先人一步，化危为机，利用进销价差，赚取了丰厚的利润。

就这样，几个月时间里，金融危机没有让海利集团陷于困境，相反却让海利把危机当成了机遇。但是，也好惊险！如果没有我专注于一个行业的研究，后果可想而知了。真是险中取胜啊！

乘胜追击，锻造团队

一次危机，造就了一个企业发展的神话。虽然是险中取胜，但是，这更加坚定了我聚焦发展的决心！

为了一鼓作气在市场中抢占一席之地，我加大了对全员的鼓励及激励，经常用短信的形式，对公司几个部下进行鼓励。内容一般都是“海利人，要不松懈地保持快乐、激情与自信，以乐在其中的艰辛与付出，以智性的生活，争取在新的一年中事业有更好的收获。”

紧接着，在广东惠州市，我又组织召开“海利集团（粤东）发展战略研讨会”。主题是做强区域市场，鼓励经销商多开网点，使粤东市场占有率快速提升。针对粤东经营状况和行业情况，在会上，我做了战略定位及发展思路主题演讲。随后，我又奔赴海南，在那里组织召开了“海利集团（海南）发展战略研讨会”。围绕市场定位，我提出了三个目标：第一，以广东、广西、海南为市场目标，兼顾粤西周边地区；第二，海利、桥联第一、第二品牌同步发展，加强对有潜力市场的广告宣传；第三，总销售量增长50%以上，生产能力增长50%以上。会上，大家讨论的结果是：这是海利战略完美的路线图，也体现了海利对通路战略的理解和深思。

开发湖南时，我们的动作也很大，公司开了一个动员大会，市场成立了八个小组。但我们的产品质量好，我们的品牌效应、传播、辐射比较快，我们的产品已经有一定的知名度。我的产品还没到湖南，我的人还没去湖南开发，想找我们合作的人都已经到了我们海利。我一问，客户都是从广西这边辐射过去的。海利的市场口碑就是这样出来的。我们在湖南高速公路上户外广告，在电视台全部投入电视广告。

做广告，布网点，半年内，当湖南整个县级市全部布满了海利不锈钢管时，我们的竞争对手还都没反应过来。海利品牌在市场上的强势，自然也让海利人的腰杆子硬了。一些经销商看到我们这种优势，我们业务员再跟他沟通洽谈，我们就占据了很多主动优势。如果说，粤西是一个奇袭，湖南应该可以说是强攻。

至此，在外部抢市场、内部练内功的紧密部署下，海利战舰更加稳固了！也为下一步的发展注入了强心剂！

专注：赢得了稳固的市场地位

企业做强做大之后，是要多元化扩张，还是要专业化聚焦突破？我一直在思考。

专注成就专家，专一成就第一。不锈钢这个行业，最重要还是市场放在第一位，没有市场就没有工厂。

所以，我再次提出了海利的发展理念：专注聚焦“304”，实现行业快速发展。

其实，在几次企业战略研讨会上，众多企业的多元化策略，大都以失败退出而告终。也曾有人试图“游说”我进行多元化战略投资，比如进军房地产、金融投资等。我婉言谢绝：“成功的企业都是靠‘术有专攻’，海利不搞‘东方不亮西方亮’的东西。”

我强调，一个企业的精力是有限的，进行多元化扩张，不仅要考虑资金的实力，更要考虑是否具有多元化扩张的管理体制。每一个产业都需要专业化的人才和技术来支撑，没有一定的专业人才和技术的积累，盲目的扩张必然要付出很大的代价。

在拓展不锈钢管市场之初，我就把自己的专注点放在“304”

身上。十年来，基本没有动摇过。专注赢得了市场，也赢得了消费者的信赖。在这一点上，海利所表现出来的坚定和清醒是难能可贵的。专注是海利集团最突出的经营特色，也是其产品实现技术创新、抢占市场制高点的法宝。海利的“专”是为了“精”，只有“专”，才能保证“精”和“高”。

2010年，我的企业账户上已放着过亿的资金，海利其发展之快，已经完全出乎人们的想象。这一切，都是我们关注一个方向的成果。

2010年5月18日，海利集团2010年夏季营销战略研讨会，在湛江市海滨宾馆隆重召开，全国各地经销商300多人出席了此次会议。会上，我从战略的高度重点阐述了“海利”的营销模式和品牌经营理念，并对2010年“海利”的夏季营销策略作了具体的布局。公司未来3年发展的战略就是要与代理商、经销商共同拓展更大的市场空间。我要将海利的企业画卷徐徐展开，要让梦想在我的手里一个一个成为现实。

为了加速企业发展，出去考察和学习就成了我下一步的方向。

2010年7月，我刚刚办好手续准备去国外学习，临行前，九十多岁的母亲突然患病。听到母亲病危的消息，我仿佛觉得天一下子无光了！“一定要救，不管花多少钱，一定要把命救回来。我的新厂马上就建好了，我一定要让她老人家来海利看一下。”

父亲是天，母亲是地。在病床前，我握着母亲的手流出了

眼泪，这时我才意识到自己亏欠亲人太多太多……

住院期间，母亲不能进食。用了很多的药物仍然无效。每天，只能靠食管导入流食来维持生命。一个多月以后，老人家的肺部又感染了，病情开始恶化。那些日子，忙完公司的事情，我就去医院里守着她。

半个月后，令大家意想不到的事情发生了——我母亲的病竟然奇迹般地好了起来。医生都忍不住说：“见过许多病人，这次简直太神奇了！”

眼看着母亲病情好转，在建好新厂、让母亲为儿子自豪的激情中，我才放心出国学习去了。

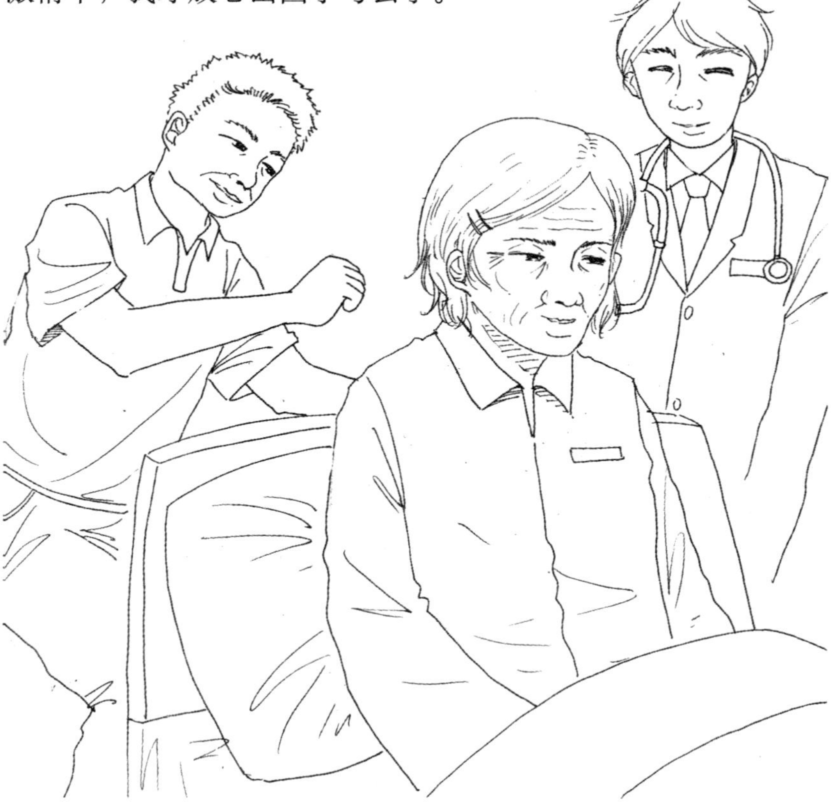

成为行业霸主

企业是时代的产物，必须与时俱进。海利在国内行业的领头羊位置以及作为行业标杆的价值也逐渐吸引了媒体的关注。

2011 年，广西都市频道选择与海利集团成为战略合作伙伴。同年 3 月 28 日，海利集团与广西电视台都市频道联手，根据双方签订的战略合作协议，海利集团投入巨资成为都市频道《广西房地产居家有道》独家冠名赞助商。

新闻发布会后，应邀参加活动的广西家装行业的代表及海利各级经销商纷纷表示，海利集团如此大手笔的投入电视媒体，打造权威家装节目一方面有力地凸显了海利品牌的宣传效应，为海利集团有限公司未来的发展增添无限的动力；另一方面，对引导广大消费者充分了解不锈钢行业，树立大众对品质优良的不锈钢等整个家装建材行业的信心，有着巨大的现实意义。付出与回报有时可能不成正比，但从长远看，肯定是正比关系。就这样，海利这艘航母也在广西市场平稳地起航了。同时，我们加大了海利品牌在各地的宣传攻势，陆续与广东电视台、海南电视台、湖南电视台签订了战略合作协议。

辛勤的努力铸就了企业的辉煌，坚定的信念造就了行业地位的稳固。当我回想企业历程的时候，内心深处的感受是：“促进海利发展的最大推动力是回头客和口碑。我们的哲学就是把资金运用到提高客户服务和顾客体验上，让顾客们的口碑为我们做宣传。”

记得2009年开发海利广西市场时，看到市场发展潜力后，有个经销商就单枪匹马进去了。苦苦忙了一年，却没有达到他所期望的份额，但他一点也不后悔。他告诉我，以前只有他一家经营“304”，现在变成17家经营“304”，不光是海利的，还有其他品牌的，这说明大家的觉悟都提高了，知道什么是品牌和品质了，于是大家都来做这个市场。虽然，我们钱没有以前赚得多了，但带动消费者从“201”到“304”转变的过程，却起源于我们的海利，这也让我感到无比自豪。这说明无意之中，我们海利正在引领这个行业的健康发展。

在我的心里，只剩下一个责任：把企业做好，回报社会，回报那些帮助过自己的人，回报家乡。

【启示】机会与挑战是对双胞胎

就像困难和希望同在一样，机遇与挑战总是并存的，两者是一个“共生”的关系。没有黑夜，就不会有黎明！危机中蕴藏机遇，因为机遇只垂青有准备头脑的人。

次贷、降价风暴、股票暴跌、雷曼兄弟破产，再度引爆全球经济危机。但香港首富李嘉诚却在房市暴跌、投资人纷纷撤走的时候，大量购入土地与旧楼。在危机中寻求商机使得李嘉诚挖掘到发家的第一桶金。当然，这不仅需要远见的智慧，更需要果敢的勇气。海利依然如是，在很多行业都不能幸免的状况下，凭借敏锐的判断力与大胆的思维，实现了自己的华丽转身！

所以，困境在智者眼中，往往意味着一个潜在的机遇。

第四章
构建学习型企业

随着海利的不断发展与壮大，海利产品的市场地位亦在同步攀升，海利人对企业的前景也充满着美好的希冀。海利企业精神也到了要逐步加强与渗透的阶段，因为我期望海利能走更远。这个时候，社会的认可又为我们的发展注入了一剂强心剂。

2012 年 5 月 20 日下午，中央政治局委员、省委书记汪洋就贯彻落实省第十一次党代会精神，来到我们海利集团进行调研。

在展览厅，汪洋书记等领导听取了我对海利集团的情况介绍，我还专门向汪洋书记介绍了海利“四型”企业文化，汪洋书记称赞“四型”文化既有传

统文化的精髓，又有现代文化的特征，有软，有硬，很有特色。汪洋书记对集团的快速发展给予了充分肯定，他鼓励我和海利集团要进一步加大自主技术研发力度，加快产品升级换代，切实提升市场竞争力。

在领导们的鼓舞下，我顿时感觉自己肩上的责任重大。为了企业的未来，为了行业发展，我深知自己不能停步。

当然，要做好企业，并不仅仅是经营那么简单，企业发展中的“软”实力累积也是非常关键的。我一定要让海利不断创新与升级！

打造学习型企业，增强“软”实力

随着知识经济时代的到来，企业之间的竞争越来越表现为员工素质的竞争，只有具备高素质的员工，才能成就高素质的企业。而员工的高素质，很大程度上取决于其学习能力。从这一意义上说，在新的时代背景下，企业竞争的实质是学习能力的竞争，企业竞争唯一的优势是来自比竞争对手学习得更快的能力。因此，打造学习型企业，鼓励员工不断学习，更新知识结构，最大限度地发挥自己的智力，是企业参与知识经济时代竞争的必然选择，也是在市场竞争中站稳脚跟并赢得竞争的重要保证。

其实，我自己的学习一直是持续着的：作为企业创始人，从海利集团成立那天起，我就把文化当成企业发展过程中的一部分。随着企业的发展，海利企业文化也在经历着不断丰富完善、吐故纳新的成长和成熟过程。因为一个企业成功运作的时候，需要员工有饱满向上的工作热情及工作积极性；当一个企业面临严峻挑战时，企业员工团结一致和努力工作，往往也可以使企业转危为安。而形成这种凝聚力的背后，却是企业文化

在企业不同发展阶段所发挥的巨大作用。这就是学习中创新，创新中发展，发展中成长。

为了让企业保持持续的学习动力，我自己掏腰包，到全国各地去参加各种培训，希望借鉴他人的智慧来完善我们海利的企业文化建设。

在此之前，随着海利集团名声大扬，一些在技术和管理上缺乏人才的企业也曾到海利挖过人，但是却没有挖走一个。我也常常思考总结：为什么他们都愿意到我们海利来挖人？为什么有人出高薪，海利人不会去？还有一个奇怪的现象：很难想象，十多年来，海利员工流失率不到2%。很多人曾经问我："你们是怎么做到的？"对于这些问题，我自己也作了比较详细的总结。这就是"文化保障，学习护航"。

所以，从海利创建之初，我就特别注重对企业文化的建设。截止到现在，海利已经形成了自己独特的企业文化根基，并且在不断借助外脑智慧下迅速完善与渗透着。

树立独特的“四型”企业文化

2007年，在规划海利集团企业文化定位时，我就提出：企业文化不可能一蹴而就，企业文化的建设需要一个循序渐进的过程，需要企业领导者、各级管理人员以及广大基层员工的共同参与。海利文化是在几代人探索的过程中积累起来的。广义上，海利文化应该是对古今文化、中外文化的比较与汲取，狭义上，海利文化应是以企业特色为主，博采众长，融会贯通，自成一家。

在一次会议上，我给大家做了一次分享：“因历史股权形成的原因，海利股份构架仍然是以家族成员为主。随着企业规模的不断扩大，企业管理问题越来越成为一个重要的问题。一般民营企业“交班”有三种方式，一是把钱传下去，二是把事传下去，三是传递一种使命感、一种价值观、一种体制。我选择的是第三个。但如何扬己所长，避己所短？”

“海利的1000多名员工，有本地人，也有外地人。地域文化不同，也让行为观念千差万别，怎么将他们拧成一股绳，最大限度地发挥出他们的战斗力？”

会场上，先是大篇幅的思辨性文字与静悄悄的课堂交流，尔后是大家踊跃的提问互动。

那天会上，听完我的分享后，大家统统把心结打开了，要在海利建设“四型”企业文化。从晨会训练，到组织员工学习，再到上级关心下级，各个方面都要融入企业文化。海利集团开始把“四型”企业文化导入到了企业。海利教导组织倡导建设“学校型、家庭型、军队型、创新型”的“四型”文化企业，以品质、责任、专注、创新等为核心价值观，逐步建立和完善了心态管理、思想管理、行动管理等理论和实践体系。

这一年，海利专门下发内部文件，对制度管理工作进行进一步提升，明确提出海利要实现“四型”：学校型、家庭型、军队型、创新型。

1. 学校型：是指企业要像学校一样让员工不断学习，增长知识、提升能力、快速成长。“把农民变成工人，通过家文化教育，又把工人变成了海利人。”这是人们对海利集团的评价。

海利集团的员工里，有不少都是工厂周围村镇里的农民工，当时选择工作的出发点是来海利能赚钱，这个企业好，能干长久。所以干起活来，加班加点10小时、15小时也都无所谓。进入海利后，多数人文化程度普遍不高，他们就怕一样东西：学习。但为了发展，一定要学习。

2. 家庭型：是指企业内部人与人之间要像家庭成员一样，互相尊重，互相关心，互相帮助，有亲和力和凝聚力。在海利

集团，我不称员工为“打工仔”，而视为“家人”。企业不但为内部员工提供了价值实现的空间和平台，还使员工获得了应有的身份认同。

3. 军队型：是指企业要像军队一样具有严明的纪律、过硬的作风、坚强的战斗力。军队化的管理会步调一致，军队化的作风会执行力强。自然，军队化作风的结果常常会出奇制胜。在海利，我们的军事化管理就是逼员工被迫式成长，不成长不行。让员工的内心渴望驱动真实的自我，如果人生真的有捷径，那就是在海利走完最短的路程。

4. 创新型：是指企业要不断更新观念，引进新的生产经营管理方式，改进技术，开发新产品，开拓新市场。同时，也要在管理上、人才培养上不断创新。

建立卓有成效的人才培养模式

人才培养，不是一朝一夕的事情，从公司创业开始，基于行业差异，我们的人才培养就开始了。从创业到发展，我们自己的人才培养模式也在逐步演变。但效果始终如一，那就是：以员工成长为己任，带动企业的发展。

因为制造行业的特色，我们一直沿用着自己的管理模式。

1. “传、帮、带”机制。

1999 年，海利集团转产生产不锈钢管时，一批技术骨干、农民工也先后加盟到海利集团。十多年的共同拼搏，他们已经与企业结成了命运共同体。从农民到工人，在我看来他们也只是一块“璞玉”，还要通过精心地打磨，才能呈现他全部的美丽。“传、帮、带”不再是简单的手工操作技能的传授。而是一种言传身教，不仅是技能的传授，更是管理经验的传承。每年，海利都有自己的培训课程和培训计划。管理层、普通员工、合作伙伴都要参加各自不同的课程。公司内所有不能全面完整掌握各种技能的员工，都必须不断提高自己的技能水平。无论是心态培训，还是盈利模式培训，都是预先做好准备的一种方式，也是一种有效的方式。贯穿这种效果延续的，则是依靠“传、帮、带”这种教导型的培养机制。

2．与企业共同成长计划。

海利在制订企业发展目标的同时，也对员工推出了与企业共同成长计划。凡是一切有利员工成长的方式，海利集团都愿意尝试，并为每位员工提供创造实现自身价值的最佳事业平台。我“留才”的办法，是让“才子”在海利“能做大事情，能继续往上走”。

事实上，这几年，除了退休的人外，几乎没有人离开我们海利。因为我们的公司环境比一般工厂要好，而且非常重视员工，工资绝对不低。海利人确实是时代的骄傲。在化州，当有人问：“兄弟，你是在哪里做活？”走在化州大街上的员工都会自豪地跟人家讲：“我在海利集团做。”

3．成就员工。

老板对员工最大的爱就是成就员工。我曾问过海利的员工，海利给他们最多的东西是什么？所有人的回答竟然是一致的：幸福和爱。我也做出了回答：“世界上最重要的人，就是陪在你身边的人，他们才是最重要的。”

在我们海利集团，我们为员工提升价值观的途径是学习。有思想的员工经过培训后，就会感觉到到外面多挣几百元钱不是那么重要。相反会觉得，还是在海利成长收获大、开心。通过学习，许多员工的个人能力提高了，今年收入是3000元，明年就可能是5000元。这也是许多人至今都不愿意离开海利

的原因。

主管向可见一提起海利，总会这样说：

“我觉得一个企业就像一个人，是有能量、有磁场的。那种气魄、那种能量很吸引人。在同行业里面，大家一提海利都佩服得五体投地。一说到海利，别人都认输。他们说是输给了海利文化。我们李董在同行里有良性竞争的格局，这一点也让同行很佩服。我们就做好产品，做好宣传，走好正道，不跟同行打拼价格战。”

4．与经销商共进共赢。

在做“海利”牌不锈钢管经销之前，经销商之一的郑斌也做过些小生意。一次偶然的机会，我们结识了。经过交谈，海利的企业理念打动了他。随后，他成为海利的一名经销商。作为海利人的一员，他在档口开始了自己的创业路。

当时的情景，因为没有任何广告宣传支持，进入电白县时，“海利”牌不锈钢管也遇到“冷场”。海利的档口冷冷清清，一周也来不了几个人，郑斌的心里也有很大的压力。就这样，5 个月时间一晃就过去了，可郑斌没有赚到一分钱。决心和信心是他郑斌当时的支撑力。

一天，一个穿着名牌开着名车的年轻老板，来到了海利的档口。郑斌觉得这是个机会，他积极上前和老板沟通。虽然几个月没赚到什么钱，但凭借业务的熟练，在经营的过程中，郑斌也知道如何跟客户沟通，如何把意向客户变为成交客户。

听完郑斌的介绍，老板也没表示出买意，在店里转了一圈，老板就开车走了。郑斌依旧站在路边，向老板挥手示意："老板，欢迎下次再来。"

令人没想到的是，第二天，老板突然打电话给郑斌："兄弟，我准备把不锈钢管的业务给你做了。但是我没弄明白，那么多品牌的不锈钢管，你为什么叫我买这个管呢？

"老大呀！海利不锈钢管是名牌，名牌自有名牌的价值。

你为什么要开600奔驰？为什么要穿一身的世界名牌衣服？这说明你懂得名牌的价值。是不是？”郑斌在电话里和老板沟通着。

听完郑斌的话，老板乐了：“好了，那我今天就非买你海利管不可了。价格你砍就是了。”后来，这个老板建了第一栋楼用了“海利”牌，几个月后，在做第二栋楼时还是选用了“海利”牌。

产品是否耐用，客户最有发言权。在市场上，各种使用海利“304”如何好的小故事也在客户中流传，这种口碑传播效果远远胜过开销巨大的广告宣传。市场份额的占有率，也折射出一个简单的道理：消费者不光是对海利集团投出了信任，也对海利产品投出了自己的人民币。

关注员工职业生涯

我经常说，“授人以鱼，不如授人以渔。”作为团队领导，不但要自己会“钓鱼”，还要教会员工“钓鱼”。给人以鱼只能使他“做对了事情”，授人以渔则可以使他“以正确的方法做事情”。

在以客户需求为导向的今天，市场竞争，不仅仅是企业产品的竞争，更是团队与团队、内部系统与内部系统的竞争。只有将企业打造成学习型组织，将员工打造成高效率团队，才能使企业在市场上立于不败之地。所以，我舍得每年花几十万元去培训员工。

对加大培训力度的做法，当时海利也有几种观点：从老板角度，学习培训是企业发展中最有价值的一种投资。从员工角度，培训到底对自己有没有实际促进作用，从股东角度，培训会不会是一种无效浪费和加重企业负担的行为？一开始很多人都是想不通的。我之所以愿意拿出“重金”，源于我对“成功”的重新定义，因为培训对于建立自我能效的信心和激发主动性是至关重要的。以我为首的管理层都有这样一个认识：培训是

企业对员工的一种投资。一个员工来到企业，在为企业付出的同时，他们渴望得到企业的培训，希望自己有所成长，也希望这份工作对自己的职业生涯发展有所帮助。

讨论再三，海利董事会支持并认可了我的做法。

首先，海利创建了自己的“铁营”培训中心。接着，又通过“老板走出去，老师请进来”等各种方法，在企业采取考核、激励等有效手段，“逼迫”那些不爱学习的员工必须学习。常年不懈的学习，让参加过学习的员工深感到今天学习力就是明天竞争力的意义。

课堂上，我反复强调：“海利发展快了之后，慢慢地，产品也好，员工团队也好，小作坊式的管理已经完全满足不了企业快速扩张、发展的需要。所以，在这种情况下，你不学，就跟不上这个时代，跟不上这个行业的发展。而学习过后你就会不断成长，最终对自己的职业生涯会有很大的帮助。”

建立科学的人才选拔机制

真正的领导人，不一定自己能力有多强，只要懂信任，懂放权，懂珍惜，就能团结比自己更强的力量，从而提升自己的身价。关于人才管理，我们建立了自己的标准和选拔机制。

海利优秀员工 4 个标准

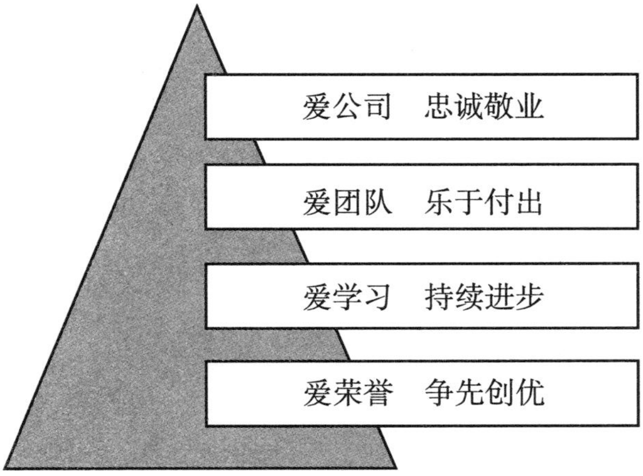

要想成为一位成功的领导者，不单自己要努力，更要听取别人的意见，要有忍耐力，提出自己意见前更要考虑别人的意

海利选择领导干部 5 个标准

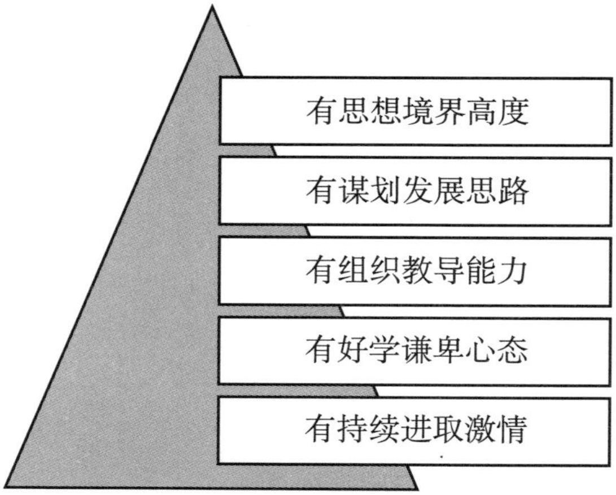

见，最重要的是创出新颖的意念。作为一个领导，第一，最重要的是“责己以严，待人以宽”；第二，要令他人肯为自己办事，并有归属感。大机构必须依靠组织，有二三十人的企业领袖走在最前端便最成功。而这些具备领导素质的选拔，就变得尤为重要。

鼓舞人心的激励机制

激励，既是对员工付出的认可，更是对企业健康发展的保证。我们的激励机制，除培训外，还有以下几种。

导入全员绩效

2013 年 4 月，为了进一步发挥员工的积极性，我们陆续导入全员绩效机制。公司专门召开绩效总动员大会，对管理人员和骨干进行培训，明确各个部门、车间的 KPI 指标，制订措施，逐月考核，加强监督，发现问题及时处理和解决。

通过推行全员绩效，更进一步提高了员工的积极性，同时，对个别人浮于事的部门实行减员增效，使工作效率更加提升，达到员工和公司共赢。公司非生产性人员减少，节省成本，而员工收入比以前增加。

提供房子，配置车子

为奖励先进，我们海利集团还为那些“有功之臣”提供房子，配置车子，设身处地地替他们着想，急他人所急，解决他

们的后顾之忧。让员工们真正体会到自身的价值，体会到在海利这个大家庭里得到的温馨和幸福。

亲情年会

当我们取得一定的成绩和荣誉时，最想让谁看到，最想和谁分享？不外乎父母家人，所以第二个让下属感觉“倍有面子”的妙招，就是让他们最重视的人，能够亲眼见证他们最闪亮的一刻。

2009 年 1 月，在春节职工联欢会上，海利人也都带着孩子参加了年会。会上，一群小孩都不约而同地唱起了《海利人，海利心》。孩子们唱的歌，也让现场的人都流下了眼泪。会后，一个和妈妈吵架的员工，马上给妈妈打电话道歉：“妈妈，对不起，是儿子不孝敬。”

亲情是人世间最珍贵的感情之一，因此，海利通过邀请员工的家人参与公司活动或者寄送礼品，能够体现公司对员工的尊敬和关心，这些家人会将这份感动转化为欣赏员工所在的公司，教导员工更加努力工作。

树立感恩文化

我在化州人缘不错，威信也比较高。原因很简单，就是我懂得感恩。因此了解我的人都知道我有句格言：成功的人会感恩，感恩的人会成功。我还教育员工，有了感激和感恩之心，才会成为一个好同事、好朋友、好家人。懂得感恩的人是幸福的。

我结婚时，家庭状况一般。结婚那天，去娶亲用的汽车，还是跟朋友借的。在今天看来，这只是区区小事，不足挂齿。虽然二十多年过去了，我依然对朋友借车的事心存感激。我经常教育子女：“人是需要关怀和帮助的，尤其要十分珍惜自己在困境中得到的关怀和帮助，并把它看成是‘雪中送炭’，视帮助者为真正的朋友、最好的朋友。”

2010 年，在一次朋友聚会上，我特意给借给我车的朋友带了一瓶茅台酒。送完礼物后，我对朋友说：“感谢您，过去在我最困难的时候，借了我一台车用，给了我一点人情。”朋友听后很是感动。在我看来，这只是件很普通的小事。但是，我会永远记在心上。

我要以我的实际行动，树立企业的感恩文化。

履行社会责任

2008 年 5 月，汶川发生 8 级大地震后的第 4 天，我亲自组织召开“海利集团众志成城，抗震救灾捐款现场会”，并带头捐款，共向灾区捐款 50 多万元，并通过家乡在四川灾区的本厂员工向灾区提供 100 个就业岗位，是茂名地区率先捐款的企业之一。

2010 年 3 月，我国西南发生百年一遇的特大旱灾，我急灾民所急，在我的倡仪和组织下，本地企业和员工纷纷向灾区捐水捐物，10 多辆“海利号”送水送物车队浩浩荡荡开往灾区，捐水捐物价值超过 5 万元。

时隔一个月，4 月 14 日，青海玉树又发生 7 级大地震，一夜之间，一座美丽的小城变成了一片废墟，当我看到电视新闻时，心里难过得颤抖起来。第三天，我就带头并组织员工为灾区捐款，单是我自己就捐出 10 万元，先后共为灾区筹得善款 31 万元。

2010 年 9 月 21–22 日，受“凡亚比”台风的影响，高州、

信宜两市遭受了200年罕见的特大暴雨袭击，两市多个镇发生了历史罕见的特大泥石流灾害，出现房屋倒塌、江河缺口、人员伤亡等惨况。灾难发生后，我每天都关注着灾区的动态。9月26日上午，本着“一方有难，八方支援”的精神，我亲自带头，在公司发起为灾区赈灾募捐活动，共募集捐款 206274.20元，这笔捐款将通过当地红十字会送达灾区。

2011年2月5日，海利助学公益基金会筹备会启动。我当场捐资10万元，在我的带动下，海利集团员工和经销商纷纷响应，慷慨解囊，现场筹得助学款56万元。

我从小在农村长大，对农村农民有着深厚的感情。海利集团发展壮大后，不忘回报家乡父老乡亲，先后出资150多万元，资助家乡修建鉴江东堤路，建文化广场，其中，铺砌硬底化的“海利大道”超过5公里。此外，我还积极响应支持市里开展的社会主义新农村建设活动，单是为泥砖房改造工程捐资就超过20万元。

多年来，我为改善家乡基础建设、泥砖房改造、助孤奖学、赈灾等公益事业捐款已达数千万元。其实这些举动，对于一个企业家来说，只是在履行自己的社会责任。

谨遵企业价值观

海利集团经过近30年的耕耘和发展，从一家小作坊发展成为了今天的知名企业，创造了“海利”这个闻名建筑装饰业界的知名品牌。在这个过程中，形成了具有海利特色的企业文化。

海利企业文化是海利人的企业之魂，是海利的核心价值观，是海利人的思想和行为准则，它支撑和保障着企业的持续发展。海利核心价值观包含以下四个方面：品质、责任、专注、创新。

品质

一是人的品质。公司一直以来注重员工的学习培训，以提高员工的思想品德、思想境界，注重信誉、礼仪、素养以及他们的情商。特别是海利多年来企业文化的建设，使团队充满活力、凝聚力、战斗力。

二是做事要讲品质。包括做产品和服务客户，都要把品质放在第一位。讲品质，就会精益求精；一丝不苟，就会铸造伟大的品牌，得到客户和社会的高度认可。

责任

一是员工的责任。员工在公司必须爱岗敬业，辛勤劳动，忠诚公司，珍惜平台，乐于付出。处处以公司利益大局为重，自动自发、想尽办法保证完成公司下达的各项工作任务；如有犯错，主动承担责任，接受一切成长；不抱怨，不消极，勇于面对，勇于反省，勇于改进。

二是企业责任。企业要主动承担让员工共同富起来的责任。不仅是物质富起来，更重要是精神富起来，尊重员工，关爱员工，让员工有归属感，创造让员工有更大更广的发展平台，提升员工的人生价值。

三是企业要担当经销商成长及发展的责任。经销商是企业的重要合作伙伴，来自五湖四海，因此，企业要把他当作家人，共合作，同发展，创双赢。

四是企业要承担社会责任。在为社会创造就业，为国家贡献财税的同时，还要积极参与社会公益事业，捐资助学、修路、建桥、扶贫、济困、赈灾等。海利多年来在此方面也作出了重大贡献，得到了社会各界的认同和各级党委政府的大力支持。

专注

一是员工在工作中要专注。专注成就专业，专业成就专家。要想把细节抓好，就必须要集中精力，一丝不苟地工作，这样才能创出好业绩。

二是经销商、合作伙伴要专注。专一经销海利产品，合作伙伴的专注，帮助海利取得了今天的成就。

三是公司方向要专注。集中人力、物力、精力、财力，聚焦在一个行业，把产品做到精，做到优，做到极致，使用户真正享用到高品质的海利产品。专注才能把服务做到位，做到细；专注才能把企业做强，做大，成就第一；专注才能在市场变化的时候，敏感、及时地把握市场信息，洞察机会。

创新

创新包括产品创新、技术创新、管理创新、营销创新、文化创新等。创新目的是降低能耗，提高经济效益，增强企业综合竞争力。创新是企业持续发展的推动力，是企业基业长青的保证。海利在 1999 年实行转型，创新性地转产不锈钢管，2012 年增加生产不锈钢五金配件。成功将砂轮切割技术改造为合金钢切割，减少污染、噪音、耗能和人工。今年又将抛光机电机加以改造，降低了烧坏电机几率。通过实施绩效管理的创新，激励了员工积极性，减少非一线工人的编制，使员工、公司共赢。同时结合企业文化建设，提炼核心价值观，建设高效的团队，提升企业综合竞争力。

和大多数企业一样，海利也有企业文化口号。但是他们没有把口号仅仅停留在一些大同小异的文字上，而是注重体现员工价值观、企业的经营理念和文化精神等深层内涵，并在其中发掘员工能真正做到位的东西。公司宣传栏上的企业文化宣传

口号，大多都是经过领导集体智慧碰撞后，一字一句地仔细推敲出来的。

为了更加夯实海利的文化，把企业的文化传承到员工的精髓里去，我在企业内部设立了“教导学院”，力争把海利建成一个有着浓郁学习氛围、员工精神面貌蒸蒸日上的企业。

现在，走进海利的人都会发现，学习已经成为融入海利今后飞跃发展的基因。为加快推进教导型组织建设，集团先后建立了 1300 平方米的文化中心、健身中心和海利教导学院，创办了《海利人》报刊，出版了《海利员工手册》，创作了《海利人，海利心》、《情系海利》、《海利放歌》、《海利之歌》、《新三大纪律八项注意》、《教导组织好》等企业歌曲。坚持每天开晨会、夕会，定期举行晨会、舞蹈等 PK 赛，设立教导组织宣传专栏和赞美榜，每逢重大节日举办晚会，每年评选奖励杰出员工和优秀员工。设立员工困难基金，不定期慰问困难员工，让大爱、感恩文化在企业不断开花、结果，成为推动集团持续发展的恒久动力。

成功的基因：家族企业的“共荣”

从某一角度来说，海利今天的成功在很大程度上要归功于它是一个家族企业。世界上许多家族企业，都很好地延续了代际之间的财富传承。在经商过程中，他们注重家族伦理，倚重血缘关系，在成功之后提携家庭成员，形成一荣共荣的连带效应。我今天的成功，除了我个人的努力奋斗外，也离不开家族成员的帮助、协作。

我的亲属大多在海利担任管理工作。从这些方面来看，海利还是一个名副其实的家族企业。在这一点上，我其实比任何人都看得明白。我说：“越是家里人，我越了解他，自然会找一个能力范围所及的工作岗位给他。不能因为他是家里人，就逢人高三等，我不会拿企业的生命开玩笑。”事实上，在我的家族里，两个哥哥都是从海利最基层工作干起的。

创业开始的时候，哥哥和我一起去过湛江打拼。通过长时间的锻炼，他凭着自身的能力一步一步往上走，才取得了今天的成绩。家族中的成员都是陪伴我时间最长的事业搭档。两个哥哥始终扮演着绿叶配红花的角色，配合得珠联璧合。直到今

天，我的几个兄弟姐妹仍然是海利极佳的事业伙伴。他们对海利的贡献是功不可没的。

我一直认为，家族企业并一定是家族管理。一个企业跟一个企业不同，一个企业跟一个企业的价值观也不同。企业股东不管是家族也好，非家族也好，人们之间都有人情，都存在矛盾。当思想不统一时怎么办？那么就先包容对方吧。有包容，企业才有凝聚力，我们的家族就体现出这一点。

我们这个家族创业到现在为止有 25 年。25 年以来，我们这个家族是一天比一天好，一天比一天更有凝聚力，这都是以用事实和结果来说话的。

对民营企业来说，企业里最重要的两个方面，一个是制度，一个是文化。这两个方面，在我们家族里，在这个家庭型企业里得到了充分体现。在我们这个家族企业里，我们的管理是有制度的现代管理，家族中的成员人人平等，这是我办企业的价值观。

一个家庭型企业，也包含很多软文化。比如，大家互相不计较，大家互相信任，这就是一种爱。作为一名企业家，我企业的成功就是这个家族的期望。作为价值观追求，海利的成功，绝不单单是我一个人的成功，家族人员都成功才是真正的大成功，这就是一种大爱。

家族企业搞得好，凝聚力强，家族企业的力量才是巨大的。不管面对任何危机、任何风浪的时候，家族成员都会团结在一起抗击风险。

我们转型轧钢厂，当时困难很多，但大家还是凝聚在一起，不弃不离。金融海啸来的时候，我们更加团结一致，坚定信念，

一起应付一切挑战。这就是家族型企业的一种凝聚力。一般人在风险来临时，会跑路，会各打各的算盘。但我们海利家族企业却没有。

有时，在企业管理上，兄弟姐妹之间也会有批评和责骂。但是大家都真心地去面对，站在公司的立场。你在公司内是员工，公司外就是兄弟姐妹。公司里面股东的事情，在公司里面解决。公司问题不要拿到家庭里去商量。另外，家族女成员不在公司上班的，不能谈论公司事情。有女成员谈论公司的事情，发现后，我们马上就要处罚。这是我们家族企业成员每个人都必须遵守的价值观。正是这种我们都在恪守的价值观，才让海利不仅在行为上统一，更在思想上做到了统一。

【启示】发展期，关注企业文化的作用

在企业文化中，学习型组织的建设对企业的基业长青非常重要，领导者是设计师、仆人和教师。领导者的仆人角色表现在他对实现愿景的使命感，他自觉地接受愿景的召唤；领导者作为教师的首要任务是界定真实情况，协助人们对真实情况进行正确、深刻地把握，提高他们对组织系统的了解能力，促进每个人的学习，从而有助于企业的整体发展。

第五章

打造百年海利

在海利25年来的创业历程中，我一直心无旁骛地用专注做事，总算天道酬勤，让我取得了一些小小的成绩。在海利不锈钢管市场各个环节布局中，我仍然强调专注，集中所有资源，充分发挥核心优势，在细分市场里做深做透。对海利而言，专注的效果让企业规避了自己的短板，让企业的长板发挥出了价值。

要为员工创造更广阔的平台

事实上，我在创业过程中并不是一帆风顺。在海利轧钢厂的时候，因为资金短缺和其他因素，企业员工的人心也并不是特别凝聚。当时，对于一个企业来说，尤其是一个刚刚成立的企业而言，产品没市场，人心的涣散，就是企业一个足以致命的“伤口”。

我一直相信，一个人若没有破釜沉舟的决心，没有必胜的信心，是绝对不能成功的。成功的关键在于你的极限能比别人多坚持。对我来说，不好的环境让企业有了“伤口”，但是却要不了海利的“命”。心态的调整是最难的一关，多数人创业失败都是因为心态问题。

刚刚开始创业的时候，特别是在海利转型后，我是带着一群人干了一件谁也不知道能干多大多久的事。因为我们没得选择，也不会有人为我们做出选择。在市场红海中，为什么海利能够脱颖而出？那就是，用心做人，专注做事，这些也让我们与他人有所不同。以我所在的海利为例，我一直都是靠专注作为自己追赶对手、区别对手、击败对手、超越对手的制胜法宝。

想占领市场，就要专注。要让消费者认同你，你的产品就得有品质。有了好的品质，必须让市场知道。我就决定要舍得为品牌投资，敢于做品牌。

创业和做生意不一样，做生意是一买一卖，做完一笔你可以停下来。而创业是停不下来的，创业是没有退路的，只有坚持才能胜利。面对失败，有时候你再坚持一下，就可能成功了。另外，我相信只要努力学习，跟上伟大的时代与时俱进，我们就能够保证企业永续经营下去。

创业路上我一路走来，我的成功就是因为不断地去多做，去付出。我的价值观很简单，就是对别人有帮助，就是对社会有贡献。但当企业越做越大的时候，你的责任就越来越大了——要为全体员工负责，你不再是你自己，而是全体员工的父母。只有上下同欲，企业才能有更好的发展。因此，作为一个老板，必须付出更多的汗水才能取得成功，才能为员工创造更广阔的发展平台。在一个更广阔的平台上，员工、企业才能彼此成就。这些，需要我付出更多的努力。

同时，我们把经销商、合作伙伴也作为公司的一员看待，每年分批组织他们进行培训，包括业务、心态、协作、团队等，对业绩好的，给予奖励，除给荣誉表彰，发奖金外，还组织外出旅游。不但关心他们做强做大业务，还关心他们的生活、健康。有的经销商家人病了，公司还派人去他家里了解病情、慰问他，有的还介绍医生给他看病。经销商办喜事，公司也派代表去祝贺，大家就像一家人一样，互相帮助，互相支持，把公司的事业当作大家的事业。

苦练内功，持续创新

随着不锈钢制品产业的发展，市场需求越来越大，不锈钢五金配件越来越多，由于投入资金不大，小作坊生产特别多。其中，有的厂商为了牟取暴利，不择手段，用“201”材质充当“304”材质进行生产，蒙骗消费者。加之随着我们市场的发展壮大，很多经销商和用户要求我们配套生产不锈钢五金配件。以前，有的用户在装饰时主要用我们的产品，而配件用别的厂家的产品，由于配件质量差，出现生锈，影响美观。因此，为了满足市场的需求，我们办起了不锈钢五金配件厂，开发了一系列的不锈钢五金配件产品，由于产品质量好，很快就受到广大用户的喜爱，很多用户亲自指定加工厂要使用我们的不锈钢管和配件产品。

我非常清楚的是：如果要让企业有持久的竞争力，我必须带领企业进行持续的创新，才能保证海利在市场上的地位。所以，“苦练内功，持续创新”是我们海利时刻在思考的。

目前广东五金不锈钢产业的多中心集群效应已经形成，市场竞争激烈，同行实力雄厚。我们只有不断审视自身、放眼未

来，依托多年来形成的五金不锈钢制品的传统资源、技术流和发展意识，勇于创新方能立于不败之地。

打造百年海利

改革开放三十年来，中国不锈钢工业发生了巨大变化，数量从小到大、装备从落后到先进、品种从稀缺到多样，产品质量也从低档水平逐步提升，彻底改变了大量依靠进口的局面，自给率达到 80%。中国不锈钢产业取得了举世瞩目的进步。这为海利的“百年基业”目标实现提供了很好的机遇。

随着我国在世界地位的不断提高，我国不锈钢五金工具加工工业逐步成为世界五金工具产业的主力军，全球越来越多的国家开始使用中国五金产品，部分非洲、中东等发展中国家对五金工具的需求每年以百分之十几的速度递增，在一定程度上刺激了我国五金产品的发展。作为世界五金生产大国之一，且逐步成为世界五金加工大国和出口大国，我国拥有广阔的市场和消费潜力。

但国际市场对我国五金产品的要求也会逐步发展变化，对中国产品的质量、包装、供货期限等都会有更高的要求，甚至逐步延伸到生产过程和产品的研发，将产品与环境保护、能源资源、人文环境结合起来。而巨大的市场和中心地位引力，将

进一步吸引五金跨国公司制造中心向中国转移。

外部的威胁，内部的竞争，海利会在修炼内功的同时，加强创新；在引领行业创新的同时，会用现代企业的标准进一步完善企业管理流程，拉近与国际企业的距离；同时，也会与行业一同成长，为不锈钢行业创造更大的引领价值。进而实现海利的“百年基业”梦想！

在海利发展的第25个年头，我很感慨：从25年前的几十个人，发展到现在的1500多人，我们不易！也正是有了这么多的追随着，我深感自己肩上责任的重大。1500多名员工的背后，有着那么多家庭；大量累积的客户背后，有着众多的经销商。作为一个企业，既要发展，又要为所有的追随者负责，我还要继续努力！永不言退！

“企业初期靠产品，企业中期靠品牌，企业长期靠文化。”未来是一个竞争日益激烈的世纪，企业与企业之间的竞争是实力与文化的双重竞争。打造“以人为本”的企业文化，从中汲取源泉，创新企业管理，有助于企业长远的发展规划，增强企业软实力，提高企业市场竞争力。

企业文化是一种精神力量，不管是日本还是美国，企业领导人总是不遗余力地打造并维护自己企业的优秀文化。实践证明，对企业文化的情有独钟最终给他们带来了丰厚的经济效益。

东芝公司，日本最大的半导体制造商，前董事长曾经这样表述过他对企业文化的理解：“一个具备创造力的优秀企业，必定有一个理想，带着这个理想，不仅彰显了企业存在于社会的意义，更使人们领略到生活的真正意义。”企业文化从某种程度上来说就是企业的灵魂，受它影响所确立的企业理念为领导者、员工甚至客户所信奉，通过企业管理付诸实施，最终影响企业的命运。

所以，我的目标是要把海利做成“百年企业”，要让海利“基业长青”！

【启示】企业家要有使命感

爱迪生的使命是让全世界亮起来；迪士尼公司的使命是让世界快乐起来；而TOYOTA（丰田）的使命是让全世界都懂得尊重；阿里巴巴的使命是“让天下没有难做的生意”……正是因为有着明确的使命感，才使得这些人、这些企业拥有了伟大的成就。企业家的使命，在于打破旧传统，创造新传统。

在社会的发展中，每一个企业都要承担社会责任，并把这个社会责任贯穿在企业的工作中。而企业的使命感不仅仅是统一思想、凝聚人心、统一行动、提高效率、减少交流成本、激发员工斗志的力量，更是企业的血液、基因和品格。正因为海利所处的不锈钢市场有着广阔的市场和巨大的消费潜力，企业在业务扩张的同时，更应该关注行业使命。这是每一个成功企业家的特质，那就是——为了国家的强大，先在自己的领域内有所超越，用自己的技术与成就向世界证明我国相关产业的实力与未来。

附录 1：创业者启示录

从海利的发展历史看，海利是一个习惯用“战略”和“战术”夺取市场的企业，即：大战略是思想，小战术是方法。如果说品牌建设是海利夺取市场运用的一种利器，那么基于技术和管理的创新机制，就是支撑海利品牌做大做强的根本。

一个品牌的宗旨就是一个人、一个企业令人瞩目的宣言，它标出了品牌整体的意图和使命。它指示的方向，就是组织和品牌的整体目标。实现品牌承诺，从而吸引更多的顾客，让他们更频繁地光顾、更忠实于品牌，这样企业才能获得更多利润。

品牌不是技术和钱的问题，是企业态度问题。品牌涵盖了企业独特的管理思想及理念，还有它的服务意识和企业文化。只有这样，海利品牌才能够经得起对手的挑战，顺应市场多变的情况，在更长的时间内为顾客所接受，甚至成为这一行业的代名词。

附录 2：海利发展大事记

1990 年 5 月创立海利轧钢厂。

2000 年 5 月转产不锈钢管。

2003 年 9 月海利牌不锈钢管被评为“广东省名牌产品”。

2005 年 6 月收购高州市桥联不锈钢制管有限公司。

2005 年 10 月创立海利不锈钢广西苍梧有限公司。

2006 年 9 月海利牌商标获得“广东省著名商标”称号。

2012 年 5 月 18 日海利集团新总部正式开张并全面投产。

2012 年 10 月新增生产和销售不锈钢五金配件系列产品。

附录 3：海利经典语录

一、你心中装有多少人，就能领导多少人。

二、没有带不动的兵，只有不会带的将。

三、金钱失去可以挣回，信誉一失很难挽回。

四、有爱心的人，魔鬼都会给你让路；
没爱心的人，处处都是障碍。

五、智慧比聪明重要，情商比智商重要。

六、成功的路上并不拥挤，因为坚持的人并不多。

七、沿着旧地图找不到新大陆，学习决定命运。

八、专心专注成就专家，聚焦专一成为第一。

九、承担责任的人习惯找方法，推卸责任的人习惯找借口。

十、我们要学会双赢多赢才能持续发展。

附录 4：海利经营理念

战略决定成败，细节决定效益。如果说细节是战术的问题，战术问题迎合战略这块，这才是成功的。正确战略方向下，基础方面细节做得越好，企业发展得越好。

企业文化也是一把手工程，这个文化就是老板文化。你是一把手，那么就要把思想植入到企业文化。你要知道企业文化定位是什么，你自己倡导的东西能不能在企业执行，这样你才能知道企业该如何经营。

一个企业基业长青也靠创新。你过去做得非常好，不等于未来做得好。过去你做到第一，也不等于未来也能做到第一。

人最怕就是心累，心累就是企业文化不好。心累，来这里潜能没有发挥出来，心里到处抱怨、到处负面、到处尔虞我诈。我们的文化就是让员工心不能累。心不累的时候，越做越有劲头，越做越有奔头。

员工怎么才有激情，怎么才有热情，怎么才能变化那么大？员工就是一桶汽油，我们管理者是一根火柴。你能不能点燃这桶汽油？看你手里有没有火柴。我们的火柴就是持续不断的培训学习。帮助别人越多，你的价值就越高。

附录 5：海利之歌（歌词）

时间和未来我们来见证，信誉和品质我们来创造，
诚信热情团结和谐，开创美好新生活，让世界更美丽，
海利旗帜随风飘扬，强我中华民族品牌，海利人用闪亮的光，
照亮世界走向辉煌！

时间和未来我们来见证，信誉和品质我们来创造，
诚信热情团结和谐，开创美好新生活，让世界更美丽，
海利旗帜随风飘扬，强我中华民族品牌，海利人用闪亮的光，
照亮世界走向辉煌！

海利旗帜随风飘扬，强我中华民族品牌，海利人用闪亮的光，
照亮世界走向辉煌！
照亮世界走向辉煌！

附录6：海利人，海利心（歌词）

是你那永恒的光，装扮着生活的美；是谁勤劳的双手，创造着人间的美景。啊……这是海利人，为成就生活梦想，无论风吹雨打始终如一，使命铭记在我的心。光荣的海利人，你是时代的骄傲，团结进取创新页，奏出丰收的乐章；光荣的海利人，你是时代的希望，强我民族品牌创生活，是我们的心愿。

是你那永恒的光，装扮着生活的美；是谁勤劳的双手，创造着人间的美景。啊……这是海利人，为成就生活梦想，无论风吹雨打始终如一，使命铭记在我的心。光荣的海利人，你是时代的骄傲，团结进取创新页，奏出丰收的乐章；光荣的海利人，你是时代的希望，强我民族品牌创生活，是我们的心愿。

附录 7：海利放歌（歌词）

奋发图强海利人，
勤学苦练，
快速成长，
海利，学校型的海利，
人才辈出，
学习力强。

团结友爱海利人，
不分南北，
以厂为家，
海利，家庭型的海利，
心中有爱，
凝聚力强。

铁骨铮铮海利人，
作风过硬，

纪律严明，
海利，军队型的海利，
永争第一，
战斗力强。

大胆创新海利人，
与时俱进，
自我超越，
海利，创新型的海利，
科学发展，
创造力强。

啊，海利，
充满活力的海利，
勃勃生机，
如日中天，
风吹雨打品质坚，
基业长青，
名扬五洲。

附录 8：独具特色的培训活动

铁营训练

2011 年 4 月 15 日，虽然广东最高气温在 23 度左右，在海利新落成的办公大楼 5 层会议室里，气氛和热度远远高于室外温度。在这里，2011 年新一期钢铁团队训练营如期举行。我为这个队伍起了个军名：铁营。

我在训练营，看见身穿迷彩服的教官迅速将学员分成若干个小组，以小组为单位，迅速聚合成为一个团队。随后，团队开始选举队长、起队名、定队歌等活动，训练营中的气氛顿时活跃起来。训练是严肃的，是不可懈怠的，学员个个精神饱满，认真地完成教官要求的每一个动作。在团队风采展示中，各小组尽显本领，团队力量得到充分体现。

在听完我的《如何让海利人快速成长》、《状态决定一切》等精彩内容后，学员对企业的发展及文化有了大致的了解。为了进一步加深学员对企业文化精髓的认识和理解，每天还通过小组学习讨论课程要点，对企业发展和存在的问题，新老员工

互相分享点评。通过实践、分享、总结，许多员工真正体会、理解了海利的企业文化及“团队第一”的精神。在分享会上，我对第一次参加培训的员工说：“你什么都不要想，不要上来就说什么感谢。你就分享你学了哪些，回去怎么做，说真心话，真心流淌就行了。”

在培训结束典礼上，许多学员都发出这样的感慨：无论是凤凰涅 ，还是羽化成蝶，都要经历巨大的痛苦。通过铁营军训，磨掉娇气，只有这样才能成为“执着拼搏，永不言败”的海利人。这不仅仅是一种上岗的训练，而是一种文化、精神、理念的大洗礼！参加过几次训练的老学员说，在训练过程中，除了改变心态外，他们还获得了许多对人生的理解和感悟。几天时间里，钢铁般的队伍，狼一样的团队，给培训的老师留下了深刻的印象。优秀的“海利人”是锤炼出来的。

在 3 天的培训中，惊心动魄、催人泪下的场面不胜枚举。在每场培训开始之前的团队展示中，每个队都在挑战极限的过程中实现了团队的升华。每一个场面都铁铮铮地展示了每一位团队成员全力以赴的决心。

附录 9：员工成长故事

我是海利一名普通的员工。

当时，我妈妈在李董家做保姆。虽然是雇佣关系，但是李董也拿我妈妈当自家人看待。有一天，李董问了我妈妈一句话："阿姨，你还有什么人放心不下的？"我妈就说："有一个儿子在东莞工作，我年纪大了，他在外面飘着，我不是很放心。"听完，李董就跟我妈妈说："明天，就叫你儿子回来吧，到我们海利来上班。离家也近，儿子也能照顾你。"我妈和我爸商量后，也觉得李董说的话有道理。于是，我就来到了海利。

我记得，到海利的那天，是董事长带我到车间里去。他一个个把我介绍给车间里的师傅们，我当时感到心里非常温暖。随后，我们新来的员工就开始了培训。课程都是关于心智、心态方面的。这和我以前在东莞时的企业不同。我们当时的企业就是叫我们干活、干活。

说实话，当时感觉就是，我是来这里打工的，是来工作的。干吗要我去学习？我想不明白，那时，四天四夜的学习还是很艰苦的，有的人也想打"退堂鼓"。于是，李董跟我们谈话说，

叫你们去学习，学到了是你自己的，不是我老板的。从学习心智之旅回来后，我发现自己的素质得到了很大的改变。

2007 年，我做到了代理主管。干了一个多月，因管理能力还不足，李董又叫我下去做了技工。

从一个主管回到一个普通的员工，我同事就在背后嘲笑我——他又跟我们一样了！回到家，我妈妈也批评我：机会李董是给你了，主要是你这次没有把握好。

过了三天左右吧，我想开了，的确是自己有些地方做得不足。李董叫我妈从他家把他看的那些书、碟拿回来给我看。他告诉我妈：你儿子要什么资料，你就拿回去。

那段时间，我在书上学了一些理论，也明白了一个道理：一个人对自己情绪的掌控能力，也就是这个人的事业成就发展。做管理，最最关键就是自我管理，自我管理最重要的就是管理自我情绪。通过学习，我也得到了进步。2008 年 8 月，副总通知我，我要做技管部的主管了。

我们李董爱学习，也擅于改变。我现在也给自己定了一个目标。按照既定的目标去做、去学习、去模仿。我相信，三年之后，我的梦想肯定会成真！

一位基层员工

附录 10：榜样，才是可学习可借鉴的

身边的，才是可以借鉴的。广东作为中国改革开放最早的省份之一，历史上有“先走一步”的传统。经过几十年的发展，广东已经进入崭新的发展时期。对于广东的企业，广东省委书记汪洋曾有过一个比喻：我们广东的企业就是中国企业界的“狼”，早已习惯在市场经济的风浪中搏击。比如说，广东的企业很少找政府，也很少找银行，遇到困难首先自己想办法，靠自己的钱滚动发展。

在解析冠军企业的行为模式、财富路径和经营理念的同时。我们希望通过冠军企业案例持续的研究，对众多领域的冠军企业进行深度挖掘，归纳出他们是如何成为冠军企业的方法，分享来自中国冠军企业的本土智慧。

因此，我们也把广东化州海利集团作为了我们案例研究的重点。由中国商业出版社出版的《海利之魂》也是中国冠军企业案例书系之一。

追溯海利一路走来的历程，如果以编年史的形式划分，海利可分为两个创业阶段。创业的前十年，海利赶上了 1997 年

亚洲金融危机；创业后十年，海利赶上了全球金融危机。是危机？还是机遇？那时，对海利人来说，绝望中的思考比希望中的思考重要百倍。

当初，正是由于海利人在利益和价值取向中找到了与时代潮流契合点，他们敢于牺牲小团体利益，从而求得了市场的大发展。面对风云突变，海利勇敢摆脱束缚，择机红海突围，弯道超车。“危机”犹如一架成功的天梯，也让海利不断登上新的高度。在取舍之间，他们勇敢地迈出了自己的一小步，而十年后，当初的一小步，成就了今天海利的一大步。

如果仅仅从财富积累的角度来谈海利集团和李儒昌，无疑是浅显和片面的。只有把民营企业放到特定历史时期的层面上去进行挖掘和对比，才更能凸显海利集团作为中国民营企业的标杆意义。学习中国冠军企业的成功经验，是走向冠军企业目标的捷径。未来他们也都可能会成为我们身边学习的冠军榜样。

如果不认清冠军企业的“模样”，也就难以形成自己成为冠军企业的使命和远景；如果不认清冠军企业的起跑线及其与企业现状的对照，也就难以坚定自己的信心，为成长为冠军企业制订合适的战略。

只要你想当冠军，你就能找到成为冠军的机会。这句话听起也许有点惊世骇俗，但中国现有冠军企业的成功商道也恰恰证明了它的存在，未来冠军企业的涌现仍然会证实它的价值。研究冠军、传播冠军、学习冠军、与冠军合作，自己也成为冠军将是我们创作的宗旨。我们希望为中国企业的成长提供思想动力和案例研究价值。

今天，我们在这里只邀请冠军和接受想成为冠军企业的实战派企业和企业家登场。

冠军企业研究中心　殷　杉　师至洁

海利商标寓意

1. 海利商标图案是由李儒昌董事长亲自设计的，由“海利”两个字各第一个拼音字母“H”和“L”组成。

2. “H”的两竖代表不锈钢管，中间圆象征地球，寓意海利产品遍布全球。

3. “L”象征科技、轨迹，寓意海利依靠科技进步，冲向世界。

后 记

这本《海利之魂》的撰写，经历了近三年的时间，这三年来，我回忆了海利从“出生”到现在的点点滴滴，可以说，带领海利所走出的每一步，对周围的人我都是心怀感激！

在我创业的人生历程中，我首先要感谢父母，他们一直是我做人、做事的榜样，他们的大爱始终给我极大的鼓舞，激励着我不断前行，永不放弃。

在创业初期，我非常感谢梁海厂长的用心栽培、关爱以及信任，也感谢大姐李彩丽从小到大一直疼爱我，并关心支持我。在初期跑业务时，特别感谢梁忠副厂长的热心指导。在创办海利集团过程中，我要感谢李儒锋、韩亚太、梁一斌、李儒光、梁斯豪、黄松伟、劳火兴、李华赛、李亚富、梁亚清等人的信赖与支持，更感谢一路以来追随我的员工及经销商。

在企业发展过程中，感谢陈洪、何杰辉、何杰伟、何伟娟、梁忠、梁洪铭、陈赛林、陈志强、梁汉坤、李超、朱齐兴、赵亚金等合作伙伴的大力支持。

在企业文化建设中，感谢师道人本管理公司侯志奎、王莲宇、杨新明、胡谢骅、马兴君、徐向阳、张霞等老师给予我的悉心指导。

我更要感谢一直以来陪伴并关心、支持我的爱妻梁亚华，以及我的家人及家族的所有亲人。

感谢大家一路以来对我的支持，更感谢周围的伙伴、朋友们对我们海利的关注。

在今后的发展道路上，我会带领海利一路向前，以海利的百年基业来回报员工的追随！以海利的优质产品来回报客户的信任！以海利的社会责任回报各级领导的厚爱与关注！

2014 年 5 月 8 日